FUNCIONALIDADES DE UN LIBRO ELECTRÓNICO EN **PROVIEW**

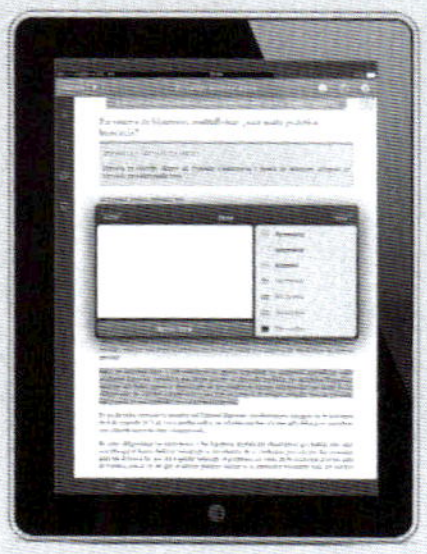

SELECCIONE Y DESTAQUE TEXTOS
Haga anotaciones y escoja los colores para organizar sus notas y subrayados

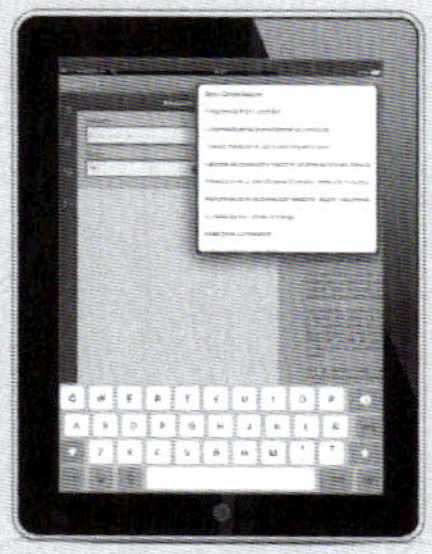

USE EL TESAURO PARA ENCONTRAR INFORMACIÓN
Al comenzar a escribir un término, aparecerán las distintas coincidencias del índice del Tesauro relacionadas con el término buscado

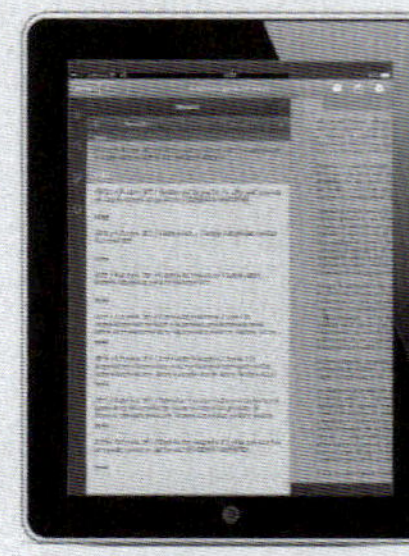

HISTÓRICO DE NAVEGACIÓN
Vuelva a las páginas por las que ya ha navegado

ORDENAR
Ordene su biblioteca por: Título (orden alfabético), Tipo (libros y revistas), Editorial, Jurisdicción o área del derecho, libros leídos recientemente o los títulos propios

CONFIGURACIÓN Y PREFERENCIAS
Escoja la apariencia de sus libros y revistas en ProView cambiando la fuente del texto, el tamaño de los caracteres, el espaciado entre líneas o la relación de colores

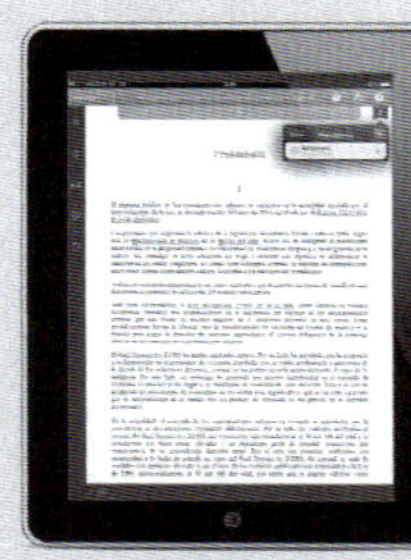

MARCADORES DE PÁGINA
Cree un marcador de página en el libro tocando en el icono de Marcador de página situado en el extremo superior derecho de la página

BÚSQUEDA EN LA BIBLIOTECA
Busque en todos sus libros y obtenga resultados con los libros y revistas donde los términos fueron encontrados y las veces que aparecen en cada obra

IMPORTACIÓN DE ANOTACIONES A UNA NUEVA EDICIÓN
Transfiera todas sus anotaciones y marcadores de manera automática a través de esta funcionalidad

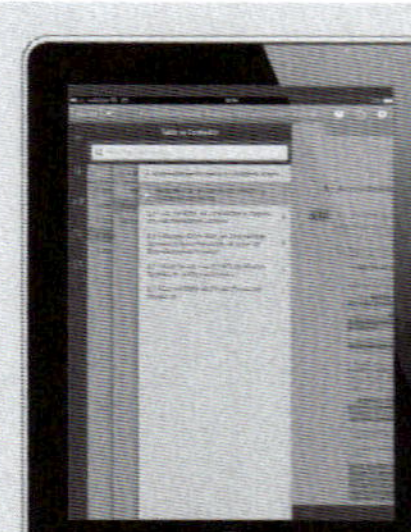

SUMARIO NAVEGABLE
Sumario con accesos directos al contenido

THOMSON REUTERS

INFORMACIÓN IMPORTANTE: Si ha recibido previamente un correo electrónico con el asunto **"Proview – Confirmación de Acceso"**, para acceder a Thomson Reuters Proview™ deberá seguir los pasos que en él se detallan.

Estimado cliente,

Para acceder a la versión electrónica de este libro, por favor, acceda a **http://onepass.aranzadi.es**

Tras acceder a la página citada, introduzca su dirección de correo electrónico (*) y el código que encontrará en el interior de la cubierta del libro. A continuación pulse enviar.

Si se ha registrado anteriormente en **"One Pass"** (**), en la siguiente pantalla se le pedirá que introduzca la contraseña que usa para acceder a la aplicación **Thomson Reuters ProView™**. Finalmente, le aparecerá un mensaje de confirmación y recibirá un correo electrónico confirmando la disponibilidad de la obra en su biblioteca.

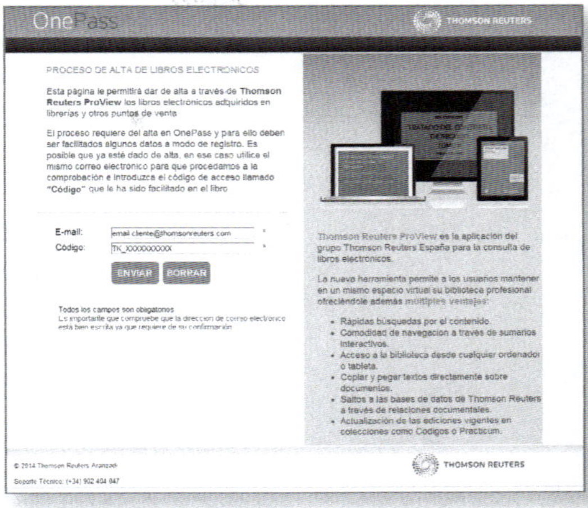

Si es la primera vez que se registra en **"One Pass"** (**), deberá cumplimentar los datos que aparecen en la siguiente imagen para completar el registro y poder acceder a su libro electrónico.

- Los campos **"Nombre de usuario"** y **"Contraseña"** son los datos que utilizará para acceder a las obras que tiene disponibles en **Thomson Reuters Proview™** una vez descargada la aplicación, explicado al final de esta hoja.

Cómo acceder a **Thomson Reuters Proview™**:

- **iPad:** Acceda a AppStore y busque la aplicación **"ProView"** y descárguela en su dispositivo.
- **Android:** acceda a Google Play y busque la aplicación **"ProView"** y descárguela en su dispositivo.
- **Navegador:** acceda a **www.proview.thomsonreuters.com**
- **Aplicación para ordenador:** acceda a **http://thomsonreuters.com/site/proview/download-proview** y en la parte inferior dispondrá de los enlaces necesarios para descargarse la aplicación de escritorio para ordenadores Windows y Mac.

(*) Si ya se ha registrado en **Proview™** o cualquier otro producto de Thomson Reuters (a través de One Pass), deberá introcucir el mismo correo electrónico que utilizó la primera vez.

(**) **One Pass:** Sistema de clave común para acceder a Thomson Reuters Proview™ o cualquier otro producto de Thomson Reuters.

POR QUÉ LA TRANSPARENCIA

JOSÉ MOLINA MOLINA

POR QUÉ LA TRANSPARENCIA

2ª Edición

Prólogo

JESÚS LIZCANO ÁLVAREZ

THOMSON REUTERS
ARANZADI

Segunda edición, 2016

THOMSON REUTERS PROVIEW™ eBOOKS
Incluye versión en digital

Editorial Aranzadi, SA
Camino de Galar, 15
31190 Cizur Menor (Navarra)
ISBN: 978-84-9135-287-7
DL NA 1383-2016
Printed in Spain. Impreso en España
Fotocomposición: Editorial Aranzadi, SA
Impresión: Rodona Industria Gráfica, SL
Polígono Agustinos, Calle A, Nave D-11
31013 - Pamplona

A los ciudadanos comprometidos
en la lucha por la transparencia

Sumario

Página

Página

Página

Prólogo

Siempre es motivo de una gran satisfacción prologar el surgimiento a la luz de una nueva obra, placer que se amplía si se considera que en la misma se aborda un contenido realmente trascendental desde el punto de vista social, político y económico, y que se aborda además de una forma tan clara y rigurosa como la del texto que aquí prologamos. Si a ello se une el hecho de que el autor es José Molina, persona de reconocido prestigio, sólida trayectoria e intachable reputación, la satisfacción aumenta exponencialmente a la hora de escribir estas líneas de presentación.

El tema que aborda la obra, el de la transparencia, es hoy uno de los valores fundamentales que demanda una sociedad desarrollada y democrática, y especialmente en España, país en el que siempre ha existido una ancestral falta de información por parte de las instituciones públicas y gobernantes, realidad que afortunadamente está cambiando en estos últimos años, aunque queda todavía un largo recorrido hasta que se llegue a responder adecuadamente al derecho a saber que tienen y que demandan los ciudadanos. La transparencia constituye así un pilar básico que es necesario desarrollar e impulsar desde todos los niveles de la sociedad, y ello como una vía necesaria para impulsar la equidad social y la eficiencia económica.

En el desarrollo y consolidación de la transparencia en el mundo actual, y tal como se aborda en este libro, ha de desempeñar un rol decisivo la Sociedad civil, y las organizaciones de carácter nacional y/o internacional que forman parte de ella. En este contexto, organizaciones como Transparencia Internacional trabajan para combatir la corrupción y conseguir un mínimo nivel de transparencia que haga que los ciudadanos puedan estar suficientemente informados y puedan así participar en mayor medida en las decisiones políticas, económicas y sociales que les conciernen. Esta organización es generosamente mencionada por el autor en la obra, lo que agradecemos fehacientemente, sobre todo viniendo de un autor tan experto e informado como José Molina, lo cual nos anima más si cabe en ese empeño de servir a la sociedad con nuestros trabajos e investigaciones.

Haciendo una referencia más concreta al contenido de la obra que aquí prologamos, cabe destacar, en primer lugar, que a lo largo de los doce capítulos que la integran, aparte de las conclusiones, el autor hace un excelente recorrido por las muy diversas materias relacionadas con la transparencia en las instituciones públicas, en la sociedad, y en su consideración como bien público fundamental al servicio de la ciudadanía. Ya en un primer apartado introductorio se describe de forma muy clara y didáctica el significado y el porqué de la transparencia y la necesidad de un firme impulso e implementación de la misma en el plano legal e institucional.

El tratamiento que se otorga, por otra parte, a la adecuada gobernanza de las instituciones y al control ciudadano de los distintos niveles de entidades públicas, resulta muy descriptivo y útil para el conocimiento por el lector del entramado institucional existente en España y la conveniencia de un control más participativo por parte de la ciudadanía en el devenir de unas u otras instituciones. Dentro de este amplio entramado de entidades públicas que alcanzan las 20.000 de entidades en nuestro país, destaca por su importancia tanto cualitativa como cuantitativa la Administración Local, y en el libro se da énfasis y se analizan atinadamente los necesarios controles, especialmente en esas entidades, en las que destaca el colectivo de los más de 8.000 Ayuntamientos existentes en nuestro país.

Son muy importantes, por otra parte, los conceptos de ética y eficacia en el gobierno de lo público, cuestiones que se describen de forma muy clara y documentada por el autor, lo mismo que al analizar y desarrollar el concepto de Responsabilidad Social Corporativa Participativa (RSCP), y la necesidad del sector público de importar los objetivos y metodología de esta realidad, hasta ahora desarrollada esencialmente en grandes empresas e instituciones del sector privado. También se aborda en la obra la información contable y su necesaria auditoría, como necesario elemento de transparencia y control del sector público, tanto a través del control de las Cuentas anuales como de los Presupuestos y la correspondiente ejecución presupuestaria. Son materias que aunque de un contenido más técnico y restringido quizá para el gran público, no dejan de ser importantes puesto que la información contable no es más que el reflejo económico de todo aquello que se lleva a cabo en las instituciones públicas, que son las que representan y están financiadas por los ciudadanos. Un eficaz funcionamiento de los órganos de control externos, se hace por tanto necesario, comenzando por el propio Tribunal de Cuentas, tal como recoge acertadamente el autor en otro capítulo de la obra.

El rol fundamental que debe jugar la ciudadanía, tanto de forma individual como colectiva a través de organizaciones de la sociedad civil, es un tema asimismo importante en el que el autor propone un nuevo contrato social con los ciudadanos, desarrollando acertadamente el concepto de palanca ciudadana para otorgar ese protagonismo que necesita la sociedad actual y la ciudadanía. Es por ello que ese bien público por excelencia que constituye la transparencia ha de estar abierto a la creatividad y a unos nuevos usos tal como propone el autor basándose en el concepto de democracia y su efectivo desarrollo a través de esa nueva energía ciudadana que postula a lo largo del texto de la obra, para así llegar a un efectivo ejercicio del derecho a saber y un efectivo control social de los poderes públicos.

No podía faltar la vertiente internacional, y específicamente la europea, en una obra como la que aquí se presenta, y la necesidad de propiciar una mayor coherencia y cohesión social en la actual encrucijada europea a través de los valores relacionados con la transparencia, la ética y la integridad en el desarrollo de la política y la actividad empresarial. La perspectiva federal europea que propone esperanzadamente el autor es una interesante propuesta, en la que estamos ahora y estábamos ya totalmente de acuerdo desde los dos artículos que escribimos, allá por los años ochenta, sobre la necesidad de llegar a un Federalismo europeo. En todo caso la transparencia constituye una plausible realidad como señala el autor puede ser un medio idóneo para impulsar la integración en esta querida y actualmente cuestionada Europa.

En resumen, estamos totalmente de acuerdo con el autor en que sin transparencia no hay realmente democracia, y no nos queda sino felicitar de forma muy sincera y fehaciente a José Molina por esta importante y muy oportuna obra que sin duda va a resultar realmente útil para los ciudadanos, para los agentes sociales y económicos, y esperamos que igualmente para nuestros políticos, y deseamos, por otra parte, que sin dejar su faceta de escritor de artículos y libros, pueda a partir de ahora impulsar a un nivel práctico en la Región de Murcia algunos de los importantes objetivos y propuestas recogidos en esta obra, a través de ese reciente y flamante puesto de Presidente del Consejo de Transparencia de esta Comunidad Autónoma, y en el que le deseamos de forma sincera todo tipo de éxitos que redunden en beneficio de la sociedad y los ciudadanos de esta región, y por ende puedan servir igualmente como referencia para las instituciones y ciudadanos del resto de España.

Jesús Lizcano Álvarez

Presidente de Transparencia Internacional España
Catedrático de la Universidad Autónoma de Madrid

Introducción: ¿Por qué la transparencia?

Cuando reflexionemos sobre nuestro pasado,
no nos parecerán lo más grave las fechorías
de los malvados, sino el escandaloso silencio
de las buenas personas.

Martin Luther King

La visión que he tenido de la economía, privada o pública, ha sido desde una concepción de *«las cuentas claras»*. Ese concepto popular, de que dos y dos son cuatro, que huye de los malabarismos transformistas en la vida económica, ha estado muy presente en mi formación, puesto que la economía siempre me ha generado respeto. Mi profesión de auditor me ha impuesto un credo de ver en la contabilidad la fe de lo real, de las cosas materiales y de las actividades económicas. Me ha infundido un concepto de los gastos muy estricto de la economía privada y con mucho más énfasis en los que circulan por la economía pública.

Asumiendo que la economía, como dice Stiglitz (2012), es riesgo, es futuro, es seguridad, en definitiva, es un instrumento que conjuga el desarrollo del bienestar social, así por lo menos la historia económica nos lo pone de relieve. Por eso y por mil motivos más que el lector puede pensar, la economía tiene que ser transparente. Porque cuando la economía juega a la ocultación, las vías de las trampas ocultas son un atropello a los que confían en las reglas del juego. Lo que se ve en economía se debe cuantificar, y el problema será de los criterios de su valoración. Hay tantas cosas que no están a la vista y que son inmateriales, que se precisa de normas, procedimientos -y más en una sociedad de gestión de lo virtual- se precisan de controles especiales. La oferta y la demanda precisan de la transparencia y de la rendición de cuentas. En la teoría contable hablamos del «balance», de lo que existe de valor, sus activos, y lo que existe de deudas y obligaciones que configuran sus pasivos. Claridad en lo que uno tiene, para que podamos tener un funcionamiento que a nadie le pueda perjudicar. Una economía transparente es garantía de un sistema equilibrado para hacer un proyecto de sociedad seguro.

La economía, la vida económica, ha preocupado a todas las sociedades y en todas las épocas de la historia, pasando por muy diferentes modelos económicos. Lo *«mío»*, lo que poseo, y lo *«del otro»*, lo que es de los demás, sin olvidar un jugador importante, *«lo público»*, el común, lo que es de todos y lo que se gestiona para todos, hacen que las reglas de este juego tengan que ser sólidas y consistentes, con un grado absoluto de transparencia.

No se puede adulterar ninguna norma de este funcionamiento, porque o me perjudica, o perjudico, y si el perjudicado es *«lo público»*, perjudicamos al común. En una sociedad que quiere funcionar con un modelo económico, sea el que sea, precisa de unas reglas, siendo la primera la *«regla de transparencia»*. Un sistema sin ella camina al fracaso colectivo. Todos debemos tener muy claro lo que se puede hacer y lo que no, lo que está prohibido, y lo que debe cumplirse, para que nadie pueda funcionar impunemente engañando, porque en el juego económico hay rivalidad, pero nunca trampas para ganar con facilidad lo que otros están intentando realizar por las reglas determinadas. La transparencia consiste en ver las cosas tal y cómo son. Lo complicado debería ser, y de hecho es, la opacidad, cultivar la cultura del silencio, negar la evidencia de los hechos, y poner todos los impedimentos para no rendir cuentas, y gastando en publicidad institucional para que los ciudadanos traguen todas las ruedas de molino.

La transparencia tiene que funcionar en un sistema general, un marco de integridad nacional, según Villoria (2012), y socialmente se extiende a todos los aspectos de la vida, no solo a la economía, sino a la vida política, a sus Administraciones Públicas, las organizaciones sociales, las instituciones jurídicas, la enseñanza y la cultura, y sin olvidar las creencias religiosas. Nada debe quedar oculto en esta sociedad donde convivimos. Resulta esencial para que los individuos puedan «decidir» con la luz de la transparencia las muy diversas decisiones que le afectan a su vida. Como dice Garrigues (2013) «es la hora de la transparencia». Estas decisiones, libres y en transparencia, pueden ser un fracaso, porque nada está seguro en los avatares de los que actúan en la competencia. Pero esa transparencia, es como la libertad, y no se concibe una sin la otra.

Sin embargo, percibimos con claridad que en la sociedad actual existe una aguda crisis que invade la vida económica y la de las instituciones, por muy diferentes causas, y es que en donde no hay transparencia, ni libertad, ni medios para exigirla, se ha reducido la actividad económico-social -así como la esfera de la política- a solo ruido, palabrería, acusaciones, bronca, descalificaciones, y mucho griterío agitando cada uno sus banderas, convirtiendo sus discrepancias en un falso modelo de patriotismo que sirve para engañar a los que ciegamente siguen sus consignas. La sabiduría popular dice que hay que separar el *«grano de la paja»*, y esa misión debe acometerse con independencia y libertad.

La existencia de tantos episodios de falta de transparencia, que cubre como sombra a la economía, proyecta una imagen general de mal funcionamiento de las instituciones públicas y privadas. Y sobre todo, con una pérdida absoluta en los medios de control y sus formas de llevarlos a la práctica, que a veces, parece una burla -por los casos que se conocen- por la facilidad que operan y por la impunidad con la que trabajan. Transparencia Internacional en sus informes sobre la percepción de la transparencia en las instituciones así lo pone de manifiesto. Su presidente, el profesor LIZCANO (2015), nos propone despertar del letargo que padecemos, y poner en valor nuestros conocimientos y experiencias para compartir desinteresadamente esa importante empresa común de aportar ideas y propuestas para una mejor y más asequible información económica en este país.

Es sorprendente que grandes empresarios, banqueros, directores de instituciones, políticos y sindicalistas, se hayan visto involucrados en los variopintos casos de corrupción, fraude o tráfico de influencias. Se pretende justificar que nos puedan seguir dirigiendo y representando en las instituciones personas implicadas en procesos, alegando la presunción de inocencia, sin valorar los efectos perniciosos para la ética en la sociedad de mantener las instituciones bloqueadas por procedimientos opacos en donde se aplica la política de *«juan palomo»*.

Sólo saldremos de la ambigüedad en las formas de gestionar lo común cuando vivamos en una sociedad transparente, con unas relaciones sin filtros y sin tanta opacidad. Es la hora de la transparencia, de la revisión de los sistemas de gestión para refundar una Administración Pública que incorpore al ciudadano en sus actividades creando canales que prioricen sus necesidades, sin las tradicionales trabas administrativas, para ganar en eficiencia y competitividad. Con fe ciega en un «credo laico» donde la transparencia sea lo que ilumine la profesión de servicio a la sociedad.

Si no tenemos una filosofía de principios nos quedamos en un catálogo de mínimos, cuando lo que se pretende es «abolir los agujeros negros» de nuestras AAPP para que los ciudadanos puedan acceder directamente a la información. La Constitución nos señala el camino de participar, conocer, evaluar y controlar la vida pública, sin más límites que los que señala la privacidad de datos personales. Es el camino de una democracia activa. Hay que recordar que hablar de transparencia en una sociedad que convive con un fraude del 23% del PIB sin entrar en un coma nauseabundo, hace que nuestra clase política sea un reflejo de esa opacidad. Es por ello que hay que actuar desde la raíz de los problemas para eliminarlos, sin maquillajes. El mejor activo económico de la sociedad española y que constituye su verdadero Tesoro sin explotar, son los ciudadanos y su enorme potencial de ideas, nos dice LIZCANO (2015), porque sus sugerencias e iniciativas en la participación de lo público están mejorando progresivamente el devenir de nuestra sociedad.

Deseamos que pronto nos llegue una nueva cultura de lo que se conoce como «*gobierno abierto*», una recomendación que nos llega desde la OCDE, el Consejo de Europa, o la propia Unión Europea en el Informe del Tribunal de Cuentas Europeo (2012) que denuncia que los sistemas de control y supervisión de los Estados de la Unión son parcialmente eficaces para garantizar la legalidad y los pagos; y por otro lado, que «*la legislación vigente sigue sin cumplirse plenamente en la mayoría de los ámbitos del gasto del presupuesto de la UE*».

Debería, por otro lado, reconocerse la participación ciudadana en los proyectos de inversiones regionales, especialmente las que se financian con deuda, para no incurrir en situaciones como las que estamos viviendo. Los planes de inversión deben discutirse no sólo en mesas de trabajo con instituciones sino en espacios más abiertos con los ciudadanos, sin los filtros de sus cúpulas. La apertura de procedimientos ha dado magníficos resultados en experiencias realizadas en la priorización de inversiones en estados federales.

Se hace imprescindible una Ley que controle la financiación de los partidos políticos a nivel regional y sus campañas electorales, así como el control de los agentes sociales que se financian con fondos públicos. Sin olvidar que se precisa más rigor en un régimen de incompatibilidades de funcionarios y autoridades públicas (políticos) y limitar el número de asesores no funcionarios. Los medios de comunicación deberían tener una participación social de los ciudadanos para que la rendición de cuentas y el análisis de los planes públicos puedan desarrollarse por medio de un procedimiento de «*auditorías ciudadanas*» lo que nos aproximaría a una gobernanza más eficiente. Hay que buscar una transparencia activa, con más sensibilidad, dando facilidades para que todo esté *«colgado»* en la Web pública de todas las instituciones. Hoy las relaciones son diferentes y nos adaptamos o perderemos oportunidades[1]. Por eso la transparencia tiene que evitar que nos hagan víctimas de engaños, y convertir las instituciones en motores de una democracia activa, para que no se cumpla lo que se dice en la calle, *«hecha la ley, hecha la trampa»*. En resumen: *«la transparencia es una enseña cuyo tejido no tiene color, lo que importa es que las manos que la porten no estén nunca ensombrecidas por la corrupción o es despotismo»*.

Los ciudadanos demandan cada día con mayor insistencia el control, la transparencia y la rendición de cuentas. Quieren una gestión eficaz y honrada en lo público y en lo privado, porque las normas y controles no funcionan, o no se quiere que funcione, lo que provoca un caos que dificulta identificar a los culpables, y es precisamente en ese caos, el que como *«boomerang»* retornan a la sociedad y se involucran en la mala imagen social que corrompe el tejido social. Esta invasión en las diferentes actividades de la vida, que convierten desde el fontanero, hasta el banquero, en el mismo circulo vicioso, es el cáncer que debilita el sistema económico, político, la función pública, y las muy diversas instituciones del país, quedando muy pocas que no tengan alguna sombra negativa reputacional.

«Dadme un punto de apoyo y moveré el mundo», afirmó Arquímedes en la explicación de su *«teoría de la palanca»*. Hoy tendríamos que trasladar ese concepto al mundo de la política afirmando que ese punto de apoyo para actuar de palanca es el ciudadano. Las acciones de reivindicación que se están desarrollando así lo ponen de manifiesto. El ciudadano es palanca para controlar el gasto, para controlar proyectos y para controlar la acción de los políticos.

Hemos desarrollado la forma de democracia representativa, pero no hemos sabido cambiar las estructuras sociales. Nos queda dar más pasos, y es la hora de los ciudadanos. Ese punto de apoyo, que como decía Arquímedes, movería al mundo.

Hace siglos, con la caída de las monarquías absolutas, se eliminó una superestructura de poder, pero quedó enquistado el caciquismo en la política. El cacique es un ser soberbio, dominante y que precisa de las normas para que los demás las cumplan. Sin embargo, él las incumplirá con im-

1. Ver informe «Doing business in Spain», hemos bajado diez puestos en el ranking.

punidad, es el juego de su ventaja, jugar siempre con las cartas marcadas para ganar la partida. Esa forma de actuar es el germen de la violencia.

A pesar del largo periodo democrático, con diferentes gobiernos alternándose en el poder, el cacique sobrevive, se entremezcla en las urnas, y se elige democráticamente a quien el cacique apoya. Muchos escribieron que el caciquismo era la lacra del siglo XIX, pero el tiempo ha demostrado que han sabido perpetuarse, siguen mandando, influyendo, cambiando equipos de gobierno, políticos, y nadie consigue arrancar esa mala hierba que crece en el terreno de la política. Se precisa de un herbicida que deje crecer la democracia sin la opresión de los que las dominan.

A los caciques los tenemos por cada esquina, no sólo en España, sino en toda Europa, y no digamos nada en otros Continentes, donde algunos sin pudor son dueños de *«vidas y haciendas»*. Tenemos sin resolver este problema en la democracia representativa, a pesar de los intentos de cambio, algunos revolucionarios. La democracia representativa no ha encontrado la forma de erradicarlo, porque se sustituyeron unos caciques por otros, porque ser demócrata es parte del ser de cada ciudadano, es una forma de ver y vivir la vida, y hay que ser demócrata en la vida cotidiana, en las relaciones sociales, en la economía y, por supuesto, en la política. Lo hemos situado en el camino de las virtudes laicas, y hay que convertirlo en una vivencia colectiva.

No podemos olvidar a los ciudadanos, su fuerza y su papel protagonista. El ciudadano, ya no puede estar para representaciones de legitimación en los procesos electorales, no, tiene que estar presente en el día a día de la vida de sus ciudades. Falta como nos dice *«la teoría de la palanca»* el punto de apoyo. Ese punto de apoyo es la fuerza que los ciudadanos están dando al proyecto, su participación en la vida de sus ciudades, en la actividad económica, será la renovación que impulsará el cambio social.

Sin dejarse manipular, sin ceder su voto por una promesa que no tiene seguridad si se cumplirá, sino controlando. Queremos otra forma de hacer política, una política que controle al poder, con capacidad de *«revocación»* a la mitad de mandato. Queremos poder quitar al que se vendió al cacique, o al monopolio financiero, porque no tenemos por qué soportar quien adulteró su mandato. Queremos que nos rindan cuentas, queremos auditar el gasto, queremos que no nos hundan en deudas. Que no nos engañen con macro proyectos que no soportan la crítica del contraste de otros datos.

Queremos una democracia activa, para ser más libres, y no vivir hipotecados. Queremos otra Europa, más social, más democrática, y con menos banqueros mandando. Queremos no tener que repetir cada ciclo de la historia, *¡qué habéis hecho!* con el poder que os hemos dado. Queremos que *«la pasión cívica»* fortalezca el movimiento ciudadano. Porque estamos hartos de demócratas hipócritas, que no comprenden que la democracia no es un punto donde se llega, es un movimiento permanente, que nunca está satisfecha porque la sociedad demanda lo que vive en la calle, y cuando eso no tiene proyección en las instituciones, primero es la desafectación, y luego es la ruptura. Y antes de llegar a situaciones límites, no olvidemos que los ciudadanos somos la solución, porque empleando la fuerza de su palanca, moveremos nuestro mundo, para no consentir que con ciertas políticas nos sigan explotando.

Que estos vicios circulen por los conductos de las actividades privadas es algo perseguible y que se cuenta con ello, pero que haya invadido a la función pública en todas sus instancias es algo que nos indigna. Porque la mayoría de los que ejercen la función pública la realizan con criterios de profesionalidad y honestidad, y sin embargo, los que han asaltado el poder, son los que han puesto en entredicho esa función eficiente que el colectivo realiza. Lo mismo podríamos decir de la economía privada, las desviaciones de las conductas en las relaciones económicas han puesto de relieve una imagen negativa de una clase emprendedora y comprometida con la sociedad y su desarrollo.

Por otro lado, se pretende interpretar como que todo es susceptible de ser sustituido, y en esa visión de *«prescindible»* se entremezclan conceptos y estructuras, costes de mantenimiento, ineficacias descontroladas y los muy oscuros propósitos de reducir costos de servicios a costa de la calidad de los mismos o de atender más deficientemente a los ciudadanos. Caer en esa turbia discusión sin antes poner en claro que modelo queremos es seguir la línea de los que desde posiciones de poder definen que no se puede mantener los servicios por su elevado coste, y pretenden retomar la vuelta a la *«participación»*, o sea, devolver al ciudadano el cuidado y la asistencia de lo que los servicios públicos asumieron en políticas de bienestar social hace décadas. Es la perversión en las responsabilidades de los servicios de una sociedad que disfraza con vocablos populistas, lo que es anulación de derechos.

Las crisis del sistema, tanto económica como política, está delimitando la responsabilidad de cada uno, los efectos que nos trasladan a las deseconomías de sus sociedades. Es una misión de la sociedad civil y del compromiso ciudadano no permitir que se diluya la responsabilidad de su deficiente funcionamiento y opacidad operativa. El control en las sociedades modernas, casi virtuales, es prioritario y cuando falla, nos encontramos sin apoyos reales, sin dirección y en ese estado de cosas, es cuando pasan los desastres de todo tipo, porque fallaron las reglas, porque no existieron, o porque se vulneraron. En definitiva, porque por unas causas o por otras, los responsables se ausentaron de sus obligaciones de vigilancia y no por bajar la calidad en sus trabajos de control, sino que su ausencia o impunidad es el resultado del hundimiento del sistema.

La pregunta según Jiménez Alonso (2013) es si hay impotencia política para la reforma de las instituciones, porque se improvisa más que se planifica y nada se prevé para ese ejercicio del poder de los que deben actuar con vocación de gobierno, porque por desgracia son muchos los que llegan para vivir de la política, a repartirse unas cuotas de poder y aumentar su nivel de vida, mientras que las condiciones de vida de quienes los votaron o se abstuvieron empeoran cada día.

Queremos resaltar, como dice Martín Retortillo (2012), que estas cosas que hoy observamos ocurren porque la crisis institucional ha invadido a todas las esferas del Estado, y se ha fortalecido la incapacidad de abrir vías para un sistema de designación en la función pública que no dependan del gobierno que gana unas elecciones. Porque los nombramientos de libre designación, sumados a los asesores y otros contratados de libre designación, perjudican el funcionamiento de una administración que precisa ser y actuar con independencia. Los ciudadanos contemplan atónitos que los políticos dominan con exceso *«su administración»*, y la transparencia y el control se diluyen o está ausente. Ya no hay credibilidad, no existe criterio claro para las selecciones, y el resultado es que las instituciones están encadenadas a la ineficiencia de procedimientos imperfectos. La crisis ha puesto de manifiesto que detrás de cada proceso electoral se articula la conquista del *«codiciado botín»*, que como piratas del siglo XXI asaltan las estructuras de las instituciones para distribuirse el poder como vulgares bucaneros. Poner de manifiesto cómo se realiza el asalto, cómo se dispara a la *«santa bárbara»* para hundir al contrario, es el reto de este trabajo. Recordemos al diputado Montoro, cuando dispuesto al asalto, proclamaba a los cuatro vientos: *«cuanto peor, mejor»*, ya tomaremos el poder y lo resolveremos todo.

Llegaron, vieron, y nos han vencido, nos han derrotado, han derrumbado derechos, han saltado por los aires *«nuestra santa bárbara»*, derrumbando de disparo certero el Estado de bienestar, y solo nos queda para el recuerdo estudiar las legislaciones derogadas.

El debate empieza tanto en el terreno teórico como en el de la convivencia, porque precisamos de un modelo diferente que reorganice las responsabilidades de todos, ciudadanos y gobernantes. Y como gobernantes, debemos incluir a todos los que tienen responsabilidades colectivas, ya sean políticos, funcionarios, empresarios, sindicatos y patronales, también a las muy diversas organizaciones sociales, así como a los que desde sus confesiones y creencias, son también responsables o culpables del desorden que vivimos. Estamos en un proceso de *«multilogía conceptual»*, donde no hay contrario, porque hemos llegado tan lejos y hemos contaminado tanto que las reglas y el control hay que hacerlas desde abajo. Por eso defendemos que es el momento de la ciudadanía, es el momento de tomar lo público como un nuevo reto, para alejarnos de los males del pasado.

Una nueva *«transición»*, nuevos controles de las instituciones, porque se han anquilosado, buscando que su función se ha ejercido, mirando más arriba, que abajo. Por eso, importa que ese impulso democrático se realice con el consenso de todos los ciudadanos. Es una *«moción de censura»* al sistema por su funcionamiento desproporcionado que nos ha dejado una deuda de un billón de euros, sin recursos para pagarlo. La salida es reducir derechos, que para eso han reformado el artículo 135 de la CE con alevosía y sin recato. Se han alejado de los problemas de los ciudadanos, y sin control democrático, se han reducido a un parlamentarismo en donde casi todo queda atado.

Precisamos unas Cámaras de representantes con fuerza, impulsada por la acción de los ciudadanos, comisiones de control, sin obstáculos, para que el parlamentarismo no sea un resultado de una consecuencia procesal que todavía no se ha reformado. Se precisan reformas de las altas instancias del Estado, porque ni el Tribunal Constitucional, ni el Poder Judicial, ni el Tribunal de Cuentas, ni los Organismos Centrales, ni los competentes en cada escalón del Estado han podido controlar el funcionamiento de lo presupuestado. Sin control, sin eficiencia y sin rendición de cuentas, sin reglas ni responsabilidades, sin disciplina activa, sin un derecho penal, adecuado para lo punitivo en lo que ha gestión pública y del Estado, entendiendo como tal, su función en general. Sin línea divisoria clara entre legalidad y decisiones arbitrarias. Un derecho de la gestión de lo público, en donde la legalidad del tráfico ordinario de la función pública no confunda lo público, de lo privado. Es separar los planos en donde cada agente convive, pero teniendo bien protegido que las instituciones públicas no pueden ser motivo de asalto.

Precisamos de un sistema que con claridad elimine la sensación de insatisfacción. Hay que conseguir que las organizaciones, públicas y privadas, se controlen, y ese reto, cuando se inicie, no pueden darse pasos en falso. Es por ello que este trabajo quiere aportar una visión, no quiere ser un recetario, pretende ordenar los problemas desde lo mal que se ha funcionado, entendiendo que para hacer reformas a medias es mejor no emplear esfuerzos en maquillarlo. Desde la ciudadanía se observa con preocupación la tardanza en poner las cosas claras, porque no sirven buenas reglas escritas, si no aseguramos la independencia, porque hemos convertido buenas leyes, instituciones y sus funciones, en un intento frustrado, conservando un pasado oscuro, tan oscuro, que se pretende que nunca se conozca lo que ha pasado. Hay demasiadas «X» por despejar de lo que nunca tenía que haber pasado.

Deseamos mirar al futuro, pasar página, de no repetir errores, pero sí de seguir buscando aquellas soluciones que garantice el control deseado. Buscar esos caminos que nos conduzcan a organizaciones abiertas, controladas, participativas, donde el conocimiento sea una garantía del buen funcionamiento. Una nueva gobernanza implica no solo claridad y transparencia del sistema político y económico, sino también su modernización, con un cambio integral en sus estructuras, procedimientos y comportamientos, competencias, técnicas de gestión, y sobre todo, su «*cultura*» de lo público y de lo privado.

Para vigilante de esa nueva gobernanza se precisa una ciudadanía formada, participativa, responsable, para que impulse ese desarrollo que gobierne en lo que hoy se reclama de una democracia real, sin más tutelas que las que los ciudadanos establezcan. Ése es el reto que asumimos en este trabajo, dejo en manos del lector ideas y experiencias, para que entre todos podamos salir reforzando esta sociedad aturdida que precisa de un renovado entusiasmo.

Agradecimientos

He caminado en este compromiso por la transparencia con ciudadanos que han compartido ideas y con muchas instituciones que se han sumado a este impulso de cambio. Este libro es fruto de ese proyecto que hemos trabajado en común y que tiene sus raíces en el trabajo anterior *Ciudadano y Gasto Público: por una gobernanza transparente y participativa*. La difusión realizada, los debates, conferencias y foros, han dado como resultado que en menos de dos años esté en la calle la quinta edición.

El compromiso con la participación ciudadana en el Ayuntamiento de Molina de Segura (Murcia) ha sido una experiencia muy positiva y que me ha aportado el contraste entre las ideas y la acción. La AAVV Interbarrios ha sido ese motor que se precisa para que las ideas tomen fuerza, y la apuesta del Ayuntamiento por el proyecto participativo con el compromiso de todos los grupos políticos de asegurar la continuidad del mismo es un nuevo contrato entre la ciudadanía y los gestores municipales. El Alcalde, Eduardo Contreras, ha jugado un papel comprometido e impulsor para que el proyecto de los *presupuestos participativos* en el municipio tenga continuidad garantizada.

Otro aspecto importante, han sido el apoyo de los medios de comunicación, en especial debo resaltar al Diario La Verdad, su director Alberto Aguirre de Carcer, su jefe de Opinión, Francisco Larrosa, así como a los equipos de redacción, que han impulsado con informaciones y noticias los actos en donde la «*transparencia*» era el objetivo a conseguir. Y desde la prensa local, también hay que destacar al Diario del Noroeste, a su director, Jaime Parra, así como a Francisco Marín, que ha prestado su apoyo en la difusión de estas ideas organizando foros de debate. A TVMurciana y su redactor José Pérez, que con especial interés han organizado debates sobre la transparencia, así como la especial atención que Isabel García, directora de Nueva Tribuna, del diario El Publico me ha dado. Y las emisiones semanales que en Radio ROM de la mano de su director José Augusto González, hemos impulsado todos los martes con un nivel de audiencia elevado hablando de economía a pie de calle. El apoyo del Diario La Opinión y su director José Ángel Cerón, así como los programas de la SER difundiendo el compromiso de la transparencia en las instituciones, han surtido sus efectos.

Tengo que dar un especial agradecimiento a los miembros y compañeros del Pacto por la Transparencia, sin su apoyo no hubiese sido posible realizar este proyecto, así como a Economistas Frente a la Crisis, y a su presidente, Jorge Fabra, que siempre me animó a seguir en la batalla de las ideas. Y en este aspecto, tengo que agradecer a mi buen amigo Enrique Barón, que en estos dos últimos años me ha acompañado para impulsar estos proyectos.

Un significado especial tiene en mi vida el grupo que compartimos de debate permanente Tomás Zamora, Ginés Conesa y Mariano Caballero. Con ellos comparto, discuto, me animan, y son el bastión que se necesita de amistad y compañerismo para caminar por la vida.

Agradecer a José Manuel Mayor Balsas, economista y gran colaborador que hace posible que mis trabajos tengan una presentación más ordenada, dándole la composición y revisión técnica precisa.

A la editorial Aranzadi y a su equipo de profesionales que con su colaboración en estos proyectos están aportando que se divulguen ideas desde una plataforma que alcanza con su distribución a los muy diversos sectores de la sociedad.

A mi familia, mi mujer Teresa, mis hijos Belén, Pilar y Juan, y mis nietos Elio y Alba y la recién llegada Teresa, que ha venido a este complejo mundo, coincidiendo con esta nueva edición, a todos les agradezco su apoyo porque me han ayudado para que este nuevo proyecto en mi vida a los setenta y nueve años se pueda compaginar con la batalla de las ideas. Su apoyo ha sido imprescindible para mantener el ánimo y superar el día a día.

Por último, por ser el acontecimiento más reciente que tengo que agradecer, es para el profesor Lizcano, autor del prólogo, con el que mantengo una relación activa en la batalla de las ideas por la Transparencia y la ética en nuestra sociedad. Nadie mejor que él para guiar al lector en esta obra, nadie mejor que el presidente de Transparencia Internacional, para matizar las ideas que expongo, y nadie mejor que el catedrático de la Economía Financiera y Contabilidad de la Universidad Autónoma de Madrid, para enmarcar la visión de ese mundo económico tan complejo y falto de transparencia. Gracias por compartir ideas.

Y a todos los que en estos últimos años me habéis dado vuestro apoyo en mi blog de *www.economiaapiedecalle.com* que ha superado las noventa mil visitas, a los que me seguís en Twitter, en la radio, en la prensa y participáis en muchas de las iniciativas de impulsar la transparencia, a todos os dejo este libro, para que aportéis cada uno lo que le falta, y que continúe creciendo el espíritu de ser más transparentes para que la ética de la vida social sea un hecho donde todos aportemos compromiso e ilusión, y construir con solidez un novísimo Estado Social de Derecho.

Capítulo I

El gobierno de las instituciones

Si observamos nuestras instituciones públicas, a las organizaciones privadas de la economía y las muy diversas formas de organización en la vida social, éstas presentan muchas carencias importantes en lo que hoy denominamos el Buen Gobierno de las instituciones. Un concepto que tiene sus raíces en la cultura de cada pueblo y que determina las formas de gobernanza desde los núcleos más reducidos hasta las más altas instituciones del Estado. En la sociedad somos lo que culturalmente cultivamos, y nuestra falta de cultura de gobiernos libres y democráticos ha calado profundamente. Solo hemos cambiado en cada periodo de escenario, pero los actores que dominaban el espectáculo han sido poderes que se han perpetuado.

Por eso nos fijamos permanente en otros pueblos que con más acierto han sabido incorporar en sus formas de gobierno principios que los han guiado por un camino mejor iluminado de transparencia, esos países nos miran con recelo, y piensan que en el Sur, padecemos sin remedio, de enfermedades que ellos superaron en su lucha por transformar los absolutismo impuestos.

Se repite incesantemente, que un buen gobierno en los países del Norte, no tiene el mismo significado que en los países del Sur. Ni un gobierno en los conflictivos territorios del mundo árabe. Pero prescindiendo de la situación geográfica, debemos tener bien claro qué valores son los que constituyen las esencias de un *buen gobierno:* La libertad, la transparencia y la rendición de cuentas, principios que hay que exigir a todos los gobiernos, gobiernen en cualquier país del planeta. Y para eso, la ONU, debería ser más activa en esta misión de redemocratizar las sociedades. La libertad de los ciudadanos y su respuesta en la vida como una felicidad compartida debe ser eso, compartir y participar en la felicidad y en la libertad, con los criterios que la sociología y la ciencia política de hoy aconseja.

Para ello es fundamental asegurar las respuestas de los ciudadanos para buscar sin descanso esa libertad y esa felicidad.

La pregunta es obligada: ¿Para qué buscamos la libertad y la felicidad? ¿Para tener más cosas? ¿Para tener más cultura? ¿Para más seguridad y dominar con más facilidad a otros? ¿Bajo qué banderas? ¿Adulando a los líderes? ¿Con qué ideales, individuales, o compartidos? Las respuestas las tendremos de muy diferentes contenidos. Nietzsche ya nos aconsejaba que llegaría un día en que el hombre no lanzará la flecha de su anhelo más allá de donde pueda recogerla. La ansiedad de poseer más cosas, si luego no las vamos a poder «recoger», es un desatino, dejarnos la vida, para luego no poder disfrutarla, porque el dinero y el poder, no dan la felicidad. En esa visión, debemos adentrarnos a profundizar en los conceptos de la ética y de la buena gobernanza, porque llegaremos con más facilidad al puerto donde las desigualdades tengan mejor solución.

La desigualdad es el primer escalón que pisa el «mal gobierno». Así de claro y así de sencillo. Cuando pisamos y consentimos la desigualdad estamos subiendo la escala imperfecta del desgobierno de las instituciones. Es por ello que buscar el objetivo de un buen gobierno es un concepto de perfección global, no es el cumplimiento de unas normas, como si estuviéramos ante una norma de control de calidad ISO. Tampoco son normas de publicidad, ni reconocer los derechos de los ciudadanos a conocer y disponer de la información y controlar, todo eso, es parte, el todo, el *«buen gobierno» es aquel que tiene como objetivo, y lo practica, un desarrollo de la convivencia ciudadana, en espacios participativos, con un decálogo fluido y cooperativo, donde la autonomía de los actos sea una realidad, sin trabas en el funcionamiento.* Es la culminación, como antes hemos resaltado, de los derechos y las libertades constitucionales en la vida cotidiana, donde no se permitan las prácticas que discriminen a los ciudadanos por su condición económica, social, de raza o de género. Es la garantía del día a día, en el cumplimiento de los derechos y las obligaciones que el proyecto de convivencia social define la Constitución.

Según Hoff y Stiglitz (2001) en la economía moderna el concepto de desarrollo no se mira tanto como un proceso de acumulación de capital sino como un proceso de cambio organizacional; y es en ese concepto de nueva organización donde hay que introducir la «transparencia». Hemos pasado de la tecnología y las finanzas, a la *«governance»* según Evans (2000), y cuanto más tardemos en vivir ese concepto en las instituciones, más tardaremos en vivir una democracia profunda que se sustente en instituciones deliberativas, como proponen RODRIK y AMARTYA SEN (2012), porque ese desarrollo deliberativo nos enriquecerá mejorando el funcionamiento de la sociedad y evitando el despilfarro.

Un desarrollo de nuevas ideas, para la búsqueda de un nuevo crecimiento económico, que impida esa situación de desigualdad que año tras año se certifica, como es el último informe del Credit Suisse.

Los ricos han cerrado un buen balance y es justo que divulguemos el informe del Global Wealth Report de Credit Suisse (2014) que pone de manifiesto, un año más, que la desigualdad sobre la forma de evolución de los patrimonios en el mundo crece de forma desigual. Y para ello hay que analizar no solo los flujos de renta, sino también los de riqueza, para conseguir un análisis riguroso, que cuente con la información de los paraísos fiscales, que por su opacidad son difíciles de obtener. Son imprescindibles para conocer con una metodología contrastada la desigualdad en la sociedad, lo que nos aporta el informe de Credit Suisse. Con todos estos datos se puede analizar con rigor la situación. Los patrimonios son la medida apropiada de la desigualdad, ellos indican la independencia personal o el poder económico de quienes tienen más y también el grado de dependencia y subordinación a ese poder por parte de quienes tienen menos.

Las rentas, sean beneficios del capital, salarios, subvenciones y otras ayudas que complementan las ONG, todas las personas disponen de algunas formas de ingresos, pero no todos los ciudadanos tienen capacidad de acumular un patrimonio. Se da el caso de que un diez por ciento de los españoles tienen un patrimonio negativo, o sea que están endeudados hasta las cejas, así lo confirma un informe nada dudoso como el realizado por el Credit. Aquí no hay un problema de rentas, simplemente es que se vive en la incertidumbre, sin seguridad de ingresos. Ese poder económico es la base del dominio que se ejerce en la sociedad, y eso lo saben muy bien en nuestras ciudades donde el caciquismo local, dominante de la riqueza del entorno y conectado con los políticos, sigue dominando la política en muchos municipios.

En España la riqueza se concentra en los siguientes datos: El 1% posee el 27% de la riqueza. El siguiente escalón del 41,8% de la riqueza, se lo distribuyen entre el 20% de los ciudadanos, y otro grupo de población, el 21,5%, posee un 30% de riqueza y el resto, el 50% de la población, se reparte el 9,7%. Una desigualdad creciente, que no se ha reducido en los últimos años, sino que se ha aumentado, concentrando el poder y la economía en cada vez más súper ricos. El informe publicado por MOLINA TEMBOURY (2014), miembro de Economistas Frente a la Crisis, así lo pone de manifiesto. Las denuncias del Papa Francisco sobre la desigualdad en el mundo, y la insistencia de otros líderes políticos del mundo, incidiendo sobre lo mismo, no tienen efecto, porque el corazón de los que acumulan riqueza está endurecido por su política de acumulación y los datos nos confirman la sinrazón de esa dureza, por más que se denuncie como un gravísimo problema.

La desigualdad en España, siguiendo los estudios realizados por el profesor PIKETTY (2015), tiene tres zonas con una especial relevancia en el análisis de las desigualdades. Una de ellas es que el 11% de la población que más tiene, que en España detenta una amplia mayoría del poder económico, representa el 55,6% de la riqueza total. Pero de ese porcentaje el 1% tiene el 27% de la riqueza. Es decir, que el diez por ciento más rico acapara cerca de la mitad de la riqueza de ese subgrupo, y así hacia arriba progresivamente. En ese porcentaje están quienes controlan el poder económico en España, bien por sus participaciones estratégicas, o en los consejos de administración, donde juegan activamente las puertas giratorias.

En medio de la distribución se encuentra el 40% de los ciudadanos, que podría ser el grupo de la clase media, con un 20% de la riqueza, lo que demuestra que es una clase con efectos reductores y que están perdiendo posición en el reparto de la riqueza. Finalmente, el tercer grupo, siguiendo la propuesta de PIKETTY (2015) serían la mitad de la población, el 50%, que no alcanza el diez por ciento (9,7%) de la riqueza.

En España, la desigualdad es un hecho constatado por las ONG, pero tampoco está de más recoger lo que dicen los datos facilitados por Credit Suisse para reflexionar en voz alta y que el ministro Montoro, el presidente de la Comunidad de Madrid, y algún otro político despistado, se enteren, que el informe de Caritas es acertado, y que el problema de alimentación de los niños en Madrid no es la obesidad, sino la desnutrición. Podríamos ampliar con muchos datos más del informe que está ampliamente documentado. Pero debemos reflexionar porque no podemos fracasar en la lucha contra las desigualdades, aunque surjan muchos desacuerdos en el camino, si tenemos las ideas claras de adónde vamos, los cambios serán posibles. El fracaso social y medioambiental que estamos sufriendo debe ser un revulsivo y tomar la iniciativa para que la igualdad sea el pilar sobre el que construyamos la nueva sociedad.

El control efectivo del poder es esencial para que ese Estado, ese buen gobierno, sea constitucionalmente democrático, y sus políticas sectoriales se apliquen sin limitaciones y sin arbitrariedades, estén o no transferidas las competencias. El buen gobierno somos todos. Porque el Estado es el conjunto que se aglutina para dar esa vida organizada en la sociedad. Es por ello que el buen gobierno constituye ya una preocupación de todos. En el desarrollo del Estado de bienestar pensábamos que se incluía los pilares del bien gobierno, y nos hemos encontrado con una situación inversa: el buen gobierno, ha sido asaltado por los tecnócratas y la elite funcionarial, y nos hemos quedado en la sala de espera, y ya no hay tiempo para tanta espera. Hemos perdido energía, eficiencia y hemos alejado a la ciudadanía de su compromiso de participación, bajo el principio que ya se conocía las prioridades de los que habían votado por mayoría una opción política.

No es nada nuevo, ya ocurrió en lo que se conoce por el consenso de Washington, donde se recomendaba a los Estados que el sostenimiento del desarrollo tenía que apoyarse en política de control de déficit, del equilibrio con el gasto para no producir endeudamiento no deseado. Es el objetivo consagrado con la «nueva política» en donde las privatizaciones juegan un papel esencial. AMARTYA SEN (2000) ya nos lo advertía, sin libertad no hay desarrollo, y quedamos a los efectos incontrolados de las provocaciones de los mercados.

Un paso más en las aspiraciones del Convenio de Washington, con apoyo de Instituciones Internacionales, avanzan en la aplicación de indicadores sobre la vida democrática de la sociedad, la forma en cómo se desarrolla el Estado de Derecho y la calidad del funcionamiento de los gobiernos. Al mismo tiempo que se valora la participación de la ciudadanía en la rendición de cuentas, el control de la corrupción y las formas de luchar contra la violencia y la valoración y respeto de relacionarse con la ciudadanía.

En nuestra Constitución se orienta en los objetivos de un Buen gobierno, un modelo que debe buscar la eficiencia, transparencia, rendición de cuentas, promover normas con claridad, participación de la ciudadanía, y gobernar siempre para el interés general, o sea, ser imparciales en las decisiones, dirigiendo una política democrática que satisfaga las aspiraciones y las demandas ciudadanas. Cuando se vulnera cualquiera de estos principios es cuando entramos en el tortuoso camino de la corrupción o de los abusos de poder.

Un fenómeno que tiene su más significativa manifestación en los actores de ciertos lobbies que desde el poder económico, financiero y eléctrico, pervierten la vida de las instituciones con fines claramente de sus influencias monolíticas. El problema no es que sea mucha o poca la corrupción y la opacidad, o que su percepción no varíe año tras año, lo lamentable es que existe y que las medidas para erradicarlas no surten efectos, según ponen de manifiestos los profesores VILLORIA y JIMÉNEZ (2012), y nos recuerdan que la percepción, lo que expertos o ciudadanos perciben, no tiene por qué coincidir con la realidad.

Se habla de percepciones, y el CIS (2014) en su encuesta pone de manifiesto que la corrupción es el segundo problema más importante de la sociedad española. Los ciudadanos han señalado bien claro sus dos preocupaciones: el paro y la corrupción. Un paro que ha desestructurado a la sociedad y una corrupción que ha destruido la imagen de la política. Y parece inexplicable, que siendo el paro un problema que depende de factores múltiples y condiciones externas, no se acometa en profundidad erradicar la corrupción y los corruptos, los de todos los signos y condiciones, que sean juzgados en los procesos en sus momentos procesales, pero que no estén ni un minuto en las estructuras públicas, tanto de la administración como de los partidos. La tibieza con que se actúa, el garantismo que se quiere dar a los presuntos, y la paciencia que se les pide a los ciudadanos, no son compatibles entre sí en una sociedad que está exigiendo dureza con los que han pisado cualquier línea de falta de ética. Y decimos falta de ética porque ya no solo es expulsar al que se haya apropiado de fondos, sino el simple comportamiento de falta de ética en el ejercicio de sus funciones, porque demuestra que no se tiene respeto en la responsabilidad pública, de las esferas administrativas o de los partidos. Cuando se habla de tolerancia cero, se pide y se exige, ¡tabla rasa!

Para llegar a la buena gobernanza, se requiere un nuevo marco en donde todos los pilares del Estado se refuercen mirando cara a cara al ciudadano, y no amparándose en privilegios personales, del cargo, o de la lentitud de los procedimientos. Y por ejemplo, con mucha pena y con la misma indignación, quisiéramos ver separada de la línea sucesoria a la Infanta, porque si ella está tan ciega que no comprende lo que debe de hacer, por bien del Estado, debería promoverse una acción de reprobación de su persona, porque aunque sus derechos son en línea lejana, no es una imagen que haga bien a la Institución en donde se pretende mantener. Ha transitado por las puertas falsas de las instituciones, se ha lucrado, imputado y con otros delitos que han prescrito, y lo que es más grave, sin pedir perdón. No queremos que esté en ese lugar privilegiado, porque simplemente nos hace daño. Un daño moral, un daño institucional y un irreparable daño social.

Debemos de mantener con firmeza la integridad de todos los procedimientos, denunciar y perseguir a quienes vulneren la norma, debemos proteger al denunciante, no al denunciado, poner en claro las conductas deshonestas para que no se sientan inmunes. Cortar esa sensación, que los poderosos y los caciques locales, actúan desde siglos sin respeto a las normas con el fin de enriquecerse, incumpliendo la norma o cambiándola cuando no se corresponde con sus objetivos. Los ciudadanos, en su poder de actuar, nos dice Person (2012) son el principal valor. Porque esa acción ciudadana, esos valores, actúan contra las mafias y los poderosos, que corrompen el sistema, con firmeza, y si miramos para otro lado, ocurrirá como hasta ahora, que cada día nos sorprendemos con un nuevo escándalo.

La corrupción es opaca, no trabaja a la luz del día, se mueve en la penumbra de las instituciones y sus efectos se notan en los resultados, y por eso hay que impedir que estas sombras contagiosas puedan entrar y salir con toda facilidad del sistema, convirtiéndolo en un basurero. Hay que poner etiquetas claras, identificar, impedir que algunos que se llaman así mismo muy «patrióticos», lo sean porque se quedan con su patriotismo, con lo que nos pertenece a todos, son *«roba patrias»*, nos expolian llevándose desde lo público los recursos, y tenemos que recapitalizar los agujeros que han producido. Y todavía no se contempla que son un peligro social, para no dejarlos salir ni con fianza. Los casos recientes de la familia Pujol-Ferrusola, los escándalos sucesivos de las decisiones en todos los procesos de Caja Madrid, Banco de Valencia, CAM, y las muy diferentes operaciones como la Púnica, Gürtel, Bárcenas, ERES, y la financiación ilegal de partidos políticos, es una desgracia, que por su cuantía no se sepa por dónde empezar.

1.1. ¿POR DÓNDE EMPEZAR?

Si el poder legislativo no actúa con urgencia y claridad, solucionando problemas que arrastramos, como el de las listas cerradas, la financiación de los partidos y la discrecionalidad en el nombramiento de los puestos de confianza en las administraciones públicas, limitando a un número muy reducido su nombramiento, con requisitos de probada experiencia y con remuneraciones que nunca puedan superar a las estructuras departamentales donde se integran, seguiremos con una administración gestionada sin coherencia y unos funcionarios públicos en permanente estado de sometimiento a criterios más políticos que técnicos.

Se precisa la independencia en los diferentes poderes, y en especial la del poder judicial, porque su retraso en la búsqueda de soluciones, lo ha situado entre los problemas más urgentes, y debe afrontarse su reforma efectiva y evitar contaminarse con interferencias que la mediaticen con el poder político. Esta independencia es esencial para todo el sector público, precisamos una reforma de la función pública, que evite el clientelismo, porque es el camino incontrolado de los tráficos de influencias, y origen de corrupciones. Es el momento de abordar con claridad qué propuestas se precisan para que el sistema genere confianza, y se termine con la impunidad en sus diversas modalidades, para que la transparencia esté presente en todas las instituciones, en todas las acciones de gobierno, en sus órganos de control con nombramientos que prime la independencia, sin que se reproduzcan las simetrías políticas en las instituciones y que las funciones puedan ser ejercitadas sin las interferencias que hoy impiden que tengan una confianza en el sistema.

El relato de la crisis se ha interiorizado con las medidas de austeridad y sacrificios en el gasto público, oficialmente estamos en la «senda del crecimiento», y se repite tan incesantemente este argumento, con tanta insistencia por ser erróneo. KRUGMAN (2012) nos recuerda que la crisis económica no ha sido ni la deuda ni el déficit público. El problema ha sido la crisis generada por los bancos privados sin control, y las teorías de los estabilizadores automáticos, como los seguros de desempleo y descenso de los ingresos públicos, los que provocaron los problemas desestabilizadores en las cuentas públicas. Los vicios no estaban en los gastos públicos, sino en otras instituciones de la economía. Sin embargo, el sistema ha bombardeado con un discurso neoliberal, imponiendo el triunfo de lo irreflexivo, construyendo victoriosos relatos desde la hegemonía ideológica del poder económico, de la cultura y de su brazo ejecutor de los políticos conservadores

En referencia a la economía hay que explicar a los ciudadanos el coste de esta crisis porque se ha explicado muy deficiente desde la parte presupuestaria pública. A pesar de esto, los ciudadanos han respetado las estructuras por inmovilismo, o por miedo, y ha funcionado la solidaridad en la convivencia, y la ayuda familiar, como soporte de una crisis sin respuestas, y salvo excepciones no se han desatado reacciones xenófobas, ni la delincuencia ha superado la de otros momentos. Vivimos la crisis en una paz conservadora y con la libertad que hemos conseguido, es ahora, con la visión de lo ocurrido, cuando queremos una reforma a fondo, porque los interrogantes no se pueden mantener por mucho tiempo, ¿para qué la libertad? Si estoy atado con las peores cadenas. ¿Qué democracia tenemos si nos gobiernan de espaldas a los ciudadanos? Hay que buscar soluciones, y las soluciones, no son intercambiar opiniones en las convocatorias electorales, hay que transitar por los cauces participativos, para que los deseos de los ciudadanos funcionen sin tener que esperar a que saquen las urnas. Unos procesos de integración, que son posibles, en donde la ciudadanía se sienta que es escuchada, que prioriza sus demandas y que comprueba que son realidad. Hay que abrir un campo amplio constituyente en donde de una forma ordenada se reforme una estructura ya caduca, que se levantó sobre muchas instituciones, sociales, jurídicas, educativas, culturales y religiosas, que eran de otros tiempos, otros sistemas políticos no democráticos y otras culturas y creencias que no son las que mueven a las generaciones de este siglo XXI.

Los partidos políticos no pueden presentarse a pedir confianza, cuando la han perdido en un desgaste de gestión del que hay que pasar página cuanto antes. Estamos en un momento de irritación y de esa rabia contenida, de quien lo pasa mal, y no se valora su sufrimiento. Esa frustración de escuchar con naturalidad que en nuestra sociedad no coincide la fotografía real con la visión oficial, y es motivo de pensar que son demasiadas cosas las que no funcionan bien, porque, por ejemplo, no se puede ser tan miope, como para confundir desnutrición infantil con los problemas de obesidad infantil. Ni crecimiento económico, cuando la mitad de la población activa tiene problemas relacionados con su trabajo, o está mal retribuido, o es una jornada laboral irregular, o simplemente no tiene, o se ha marchado al extranjero. Más respeto con la realidad, porque cuando históricamente se confundió *«el hambre de pan, con darle pasteles»*[1], los ciudadanos no aguantaron más tiempo la irresponsabilidad de sus gobiernos.

Por eso queremos acuerdos, y ser firmes defensores de aquello que es de la ciudadanía, exigiendo un buen gobierno, transparente, en todas las

1. Se dice que el panadero del pueblo suplicó a Maria Antonieta: Señora no tenemos pan para nuestro pueblo... Maria Antonieta: Pues que coman pasteles....

administraciones públicas, penalizando sin pérdida de tiempo, a los que sin reparos se aprovechan de los bienes públicos. Los ciudadanos están observantes, quieren instituciones que les sirvan y sean el cauce de sus demandas, porque es la hora de la ciudadanía, es el momento histórico de hacer «país», para tener un Estado a la altura de las circunstancias, es la hora de los retos, para dominarlos, no para que nos desborden y seamos arrollados.

Queremos más libertades, sin que nos pregunten por qué, porque la pregunta en sí, ya es ofensiva. No queremos leyes mordazas, no queremos que se nos prohíba juntarnos, ni reclamar lo que es justo, ni tampoco queremos prohibiciones para salir juntos a manifestarnos. Queremos que el clamor ciudadano, la libertad que se desea, impulse vida a la convivencia en familia, a la empresa y en el barrio, y sin coacciones, con la máximas libertades, porque la sociedad moderna quiere compartir casas, coches, créditos *(crowdfunding)*, y cuantos proyectos unan a los que habitamos en los espacios, porque viviendo libres, con la virtud de las relaciones impediremos que no nos invadan la vida, que entre todos estamos avanzando.

1.2. UN PARLAMENTARISMO MÁS PARTICIPATIVO

Se debate entre los partidarios del control de la información, control de las responsabilidades políticas de los gobiernos y los que impulsan el control como una acción continuada de la búsqueda general y multifuncional. En las rigideces del denominado «racionalización del parlamentarismo», el método, la forma, funcionamiento, como es el caso español, tienen sus cauces particulares, y sus formas de acceder a la información, y especialmente, el juego de los partidos políticos. Porque la información se concibe para que los miembros de las instituciones cumplan sus funciones, sean examinadas y pasen a una crítica posterior controlada. Es el juicio «objetivo». Los que no gobiernan pierden esa capacidad de control, y actúan observantes en los huecos de información por donde transitan los que están fuera del poder. El funcionamiento del derecho a discutir y enjuiciar desde la oposición, queda reducido al poder de decidir/gobernar que tiene la mayoría política, un ejemplo puede ser las sesiones de control en el parlamento, o las comisiones de investigación.

Criticar, controlar, fiscalizar, denunciar, es el papel que la soberanía popular «el electorado» quiere y desea que realicen los grupos políticos que no gobiernan. Y esa misión, ese impulso de control, es para el ciudadano más importante que la propia acción de gobierno, porque constituye la esencia del «examen» que hay que superar en cada reválida electoral. Las elecciones son para los políticos, el momento de capturar la confianza y garantizar que ejercerán sus funciones como buen gobernante. Cuando se discute su composición, un parlamento más amplio y reducido, lo que de verdad tiene importancia es cómo se llega en una representación con normas que no hayan primado a nadie y segundo, que el control se ejerza por las minorías, para controlar la acción de gobierno. Esa misión de control es fundamental, y para gobernar funciona la aritmética del resultado, pero para controlar tiene que ser a la inversa, porque si el poder lo utilizamos para gobernar e impedir que se controle, hemos pervertido el sistema democrático, en un sistema monocrático.

Este esquema ha sido reproducido a escala autonómica, y resulta penoso comprobar cómo la desvinculación del diputado con su distrito y con las demandas de sus ciudadanos, han dado como fruto esa ruptura y el sentimiento de que no nos representan. Hace falta más participación y menos burocracia, para que los votantes puedan comprobar con más claridad las actuaciones de sus representantes en las instituciones.

Las diferentes vías del control, preguntas, interpelaciones, mociones, solicitudes de información, comparecencias, proposiciones no de ley, examen de planes especiales o de gobierno y debates del Estado de la Nación, o del estado de las CCAA. Por otro lado, nos encontramos en algunos parlamentos autonómicos la figura de «la pregunta a iniciativa ciudadana», una iniciativa poco desarrollada, porque ni las instituciones, ni los partidos, han entendido que sería bueno que los ciudadanos la utilizaran con profusión. Hay más actividad política en la calle que en las instituciones, el parlamento no representa la ebullición de la crítica social que se vive en la sociedad, y las posibilidades que existen en el parlamento andaluz, canario y murciano, no han servido para salvar las contradicciones de desapego político de los votantes. Faltan cauces y cuando los hay, no se tiene el deseo de que funcionen profusamente, y es que para algunos, la política se reduce a un «copy pega» de iniciativas que impulsan los centros de poder de los partidos. Es la demostración de utilizar el apoyo ciudadano en los momentos electorales de pedirles el voto, sin darles entrada en el juego político.

Son las sombras de nuestro parlamentarismo. Las instituciones concebidas en el siglo XIX no se han adaptado a las exigencias ciudadanas del siglo XXI. Mantenemos un parlamentarismo regional lastrado por unos reglamentos que fueron fotocopiados sin atender demasiado a las realidades de cada comunidad autónoma. Así no es lo mismo para una asamblea de menos de cien diputados, que para una de menos de 50 diputados. La preocupación se ha centrado más en su funcionamiento –burocrático– que por darle vida activa entre su función de control y las aspiraciones ciudadanas de participar en el mismo. Los ciudadanos no encuentra facilidades para este acceso a la información, ni para ejercer su control. La función se ha transformado en formalismos y termina en un aburrido juego, que no interesa ni a los actores, ni a los destinatarios, y la apatía con que los medios recogen estas actividades es un buen barómetro.

1.3. OTRAS VÍAS

Se precisa nuevas vías de control para eliminar la opacidad en las instituciones de representación, no se comprenden que los que tienen la representación del votante, esté considerado como un agente despegado de sus raíces y no representativo de las aspiraciones ciudadanas. No se puede mantener por más tiempo que no cristalice una vocación de controlar y de dejarse controlar, para que la acción política funcione en todas direcciones.

No nos extrañe que los ciudadanos se desentiendan de lo que pasa en los parlamentos. Los cambios en las normas no han servido de nada, se precisa un cambio en la forma de pensar. ¿De qué ha servido introducir la pregunta ciudadana en ciertos reglamentos de parlamentos si no ha tenido efectividad? Hay que controlar a las AAPP, y se cuantifica más las actuaciones de funcionamiento, inundándonos de estadísticas, y sin embargo no se trabaja por la calidad y por los datos que desde esa visión de calidad/eficiencia, nos iluminaría el camino de una gestión de la actividad pública eficaz.

Se huye de los debates monográficos, se huye de los debates abiertos, sobre temas candentes, solo se recibe a comisiones de representantes de afectados «in extremis», pero no se debate. Se tiene miedo. Todo encorsetado, protegido por los reglamentos y con las cadenas de seguridad de una mayoría. No se ha desarrollado. Y es una crítica a los partidos mayoritarios que han gobernado, es una demanda en el proyecto de reformas que hoy no tiene demora, y que se está poniendo de manifiesto en los acuerdos de regeneración que Podemos y Ciudadanos están incorporando en los nuevos gobiernos autonómicos.

Los elementos de control son para que todos los implicados asuman nuevos papeles, los parlamentarios (de todas las instituciones) abandonen su visión de dejarse llevar de las inercias y aborden las reformas, y sobre todo que piensen que se demandan dos cosas muy concretas, más eficiencia y más actividad conjunta con los ciudadanos. Dos cuestiones que no implican costes, sino todo lo contrario, nos traerá ahorros y eficiencia en la distribución de recursos. Para cumplir esta nueva visión se precisa más publicidad y más protagonismo. Es importante convertirse en eco de lo que se vive en la sociedad y reproducir cómo retorno hacia la sociedad lo que se vive en el parlamento. Hay que dar a conocer la actividad de interpretación y mociones para que el ciudadano participe y posteriormente interpelar y motivar mociones con las prioridades que los ciudadanos solucionen. Evitaríamos la situación de vacío que ahora se vive. Hay que buscar fórmulas que fructifiquen la figura de parlamentario como un instrumento que impulse las demandas de los ciudadanos. Para ello hace falta que los que gobiernan sean sensibles a esa forma de exigirles el control, sin protegerse en las murallas de las mayorías para impedir los efectos de una crítica.

Además de este cambio importante en las relaciones con la ciudadanía y las instituciones, existe otra institución, que deseo resaltar por su importancia en la búsqueda por la transparencia, para reforzar el equilibrio entre el gobierno, organismos de control, parlamentos y ciudadanos. Ese instrumento, son las «comisiones de investigación». Los legisladores no han acertado con un desarrollo efectivo de su funcionamiento, porque no se ha querido, o porque no había un interés en que se desarrollara. Estamos en un campo donde la demanda de pedir responsabilidades políticas es creciente y sin embargo el espacio está muy poco estructurado y es muy deficiente. No funciona, no se construyen unas vías independientes, porque la mayoría lo impide, y la mayoría de las veces queda una referencia en los textos de sus posibilidades de existencia de control.

Los partidos políticos se enfrentan a una profunda crisis, la forma de superarla dependerá de su futuro para ser instrumentos de una democracia de valores, donde los de tipo económico no dominen tanto la escena, porque hoy condicionan demasiado las agendas públicas y han hecho saltar más de una vez las alarmas, por sus comportamientos opacos. La fuerza de las ideas de globalización neoliberal ha llevado a incumplir a todos los partidos políticos sus programas, lo que ha provocado confusión en sus propias ideologías de tal manera, que hoy no distinguimos con claridad que ideología domina, sino más bien, quien se ha dejado atrapar por lo poderes ocultos de la economía neoliberal que gobierna en la sombra.

Observo el funcionamiento de una democracia de quita y pon, algo parecido a un juego de la oca, que por un sistema aleatorio, pasamos de elecciones en elecciones, y cada uno tira porque le toca. Este sistema se ha convertido en un suicidio democrático, y es por eso que el tablero de juego se está rompiendo, y hasta los más escépticos no quieren verse atrapados tirando con un dado que parece marcado por los que dominan el juego. Ya no es ilusionante, porque las reglas del juego no se respetan y la transparencia está ausente.

Se siguen oyendo mensajes para reducir el Estado, cuando lo que debemos es reducir y cambiar los conceptos del gasto, y se trabaja poco en reducir duplicidades, retribuciones a los asesores, transparencia en las contrataciones, y tantos conceptos que se filtran por los presupuestos acumulando gastos no deseables por los ciudadanos. Sin embargo oímos insistentemente reducir becas, camas hospitalarias, dependencia y hasta innovación. El capitalismo de amigos nos arrastra al despilfarro y a permitir el fraude, por eso no es lo mismo tener un Estado burocratizado, hipotecado y proliferado del más cutre clientelismo político, que impulsar un Novísimo Estado Social de Derecho como dice el profesor BOAVENTURA DE SOUSA SANTOS (2005).

Capítulo II

El control ciudadano de las administraciones públicas

El ciudadano ha visto como espectador el cambio de sus administraciones públicas, unas veces le tocaba el turno a los aspectos organizativos, otras a las estructuras, a sus organismos, logos, incluso de lo que se ha venido a llamar una «administración de proximidad». Sin embargo, el ciudadano a sus administraciones públicas las sigue viendo distantes, burocratizadas y poco transparentes, y de muy difícil control, carentes de normas que las obliguen a una rendición de cuentas a los ciudadanos, con independencia, y muy lejos de ese deseo creciente de la ciudadanía, de convertirse en «auditores de sus instituciones». La auditoría ciudadana, que constituye una aspiración en Europa, en nuestro país está tomando un peso específico en la opinión, y se constatan posiciones cada vez con más fuerza en esa línea. Es posible que llegue el día de ese cambio, ¿pero cómo?

Desde la OCDE se han impulsado una serie de reformas que transforman los sistemas de gestión y control del gasto, al de resultados. Es una supervisión directa y el seguimiento presupuestario por todos sus conceptos de gastos. Pero el control y la evolución no están siendo tan sencillos como en principio se pensaba. Algo está fallando. Porque estamos olvidando lo que aconsejaba PERRIN (1998), buscar la necesidad de la relación entre el control y la evolución, como un estímulo para la innovación y mejora en la gestión pública. Así lo aplican las diferentes oficinas nacionales de auditoría en los países donde funcionan.

Hoy se viven con expectación las formas de control social, mecanismos que la sociedad civil está impulsando con diversas modalidades y formas para evaluar la gestión del gasto. Se precisa, para ello, reforzar los mecanismos de información a los ciudadanos sobre las actividades de sus administraciones públicas, o sea, más transparencia, y acatar la participación, como una colaboración positiva en los mecanismos de gestión. No son cosas, ni difíciles, ni imposibles, los medios y las tecnologías como han puesto las TICs de relieve están haciendo de lo complejo una forma sencilla y utilizable de forma extensiva. Es un incentivo compartido, los ciudadanos se integran en la gestión y las administraciones públicas reciben sus opiniones de mejora, ayudando en la forma de mejorar los servicios públicos. Es también un elemento de control para determinar responsabilidades de los gestores de la vida pública, alcanzando más transparencia y gestionándolo con las prácticas de un gobierno abierto.

No podemos olvidar que los principios presupuestarios de legalidad, eficiencia y eficacia, hay que cumplirlos y desarrollarlos con una visión innovadora en consonancia con los medios y conceptos que hoy se conciben en la sociedad, especialmente con una relación directa con el ciudadano-consumidor de los servicios, que debe marcar la pauta de cómo los percibe y la forma de cubrir sus demandas. El derecho del ciudadano a ser informado, a conocer con detalle el destino de su esfuerzo tributario, constituye una cadena de compromisos para que administración y administrados se encuentren, porque el presupuesto y la gestión pública, deben olvidar cuanto antes sus desencuentros, para iniciar una etapa de gestión participativa del gasto público. Con ello recuperaremos el sentir ciudadano de la Declaración de los Derechos del Hombre (1789) y la sintonía con los Derechos Humanos de las Naciones Unidad (1948) para hacer efectivo el derecho a participar personalmente en la formulación de las leyes.

La representación es una delegación, el poder reside en el conjunto de la ciudadanía de forma personal. El constitucionalismo español no ha sido muy proactivo en este punto, y con el tiempo se han desplazado estas aspiraciones en favor de una función pública ejercida por unos políticos elegidos democráticamente, pero controlados por las estructuras jerárquicas de sus partidos políticos.

Debemos profundizar en los ideales democráticos, y se precisa dotarles de ideas fuerza, y la democracia participativa, es una auténtica afirmación ideológica de los valores que le han dado su fuerza desde el primer momento. La participación ciudadana tiene múltiples referencias en nuestra Constitución, su especifica referencia en el artículo uno, pasando al artículo seis, siguiendo por los artículos 9, 23, 27, 45, 48, 51... y así hasta el 168, las citas alcanzan veintiséis artículos. No es por falta de referencia, es la hora de que los ciudadanos exijan sus desarrollos y las administraciones reconocerlos. Existe un derecho constitucional de intervenir, controlar, comprobar, cuantos asuntos de las administraciones públicas sean precisos, pero surgen los problemas de las barreras invisibles para limitar esos conceptos de participación, control y comprobación.

Este derecho a participar en el control, lo entiendo en el sentido constitutivo del artículo 23 de la CE como una doble condición, por un lado, la facultad de participar la ciudadanía, es el sentido de la propia acción, y por otro lado, como medida de apoyo a sus representantes políticos. Son los apoyos de una forma directa de los ciudadanos, que actúan en la misión como parte de la representación de sus elegidos y la complementan.

2.1. LA GESTIÓN CIUDADANA EN LOS SECTORES DE LA SOCIEDAD

Las iniciativas ciudadanas se han desarrollado muy ampliamente en la vida social, no hay sector social que no cuente con activistas ciudadanos que impulsen sus acciones para mejorar soluciones a los problemas de cada sector. Los problemas sociales y medioambientales, podríamos decir que han concentrado este impulso de acciones. Pero en estos años de crisis económica hemos visto como «las siglas» son de todos los colores y de todos los sectores, todos se han lanzado colectivamente para plantear y reivindicar los problemas que afectan a los ciudadanos en los muy diferentes servicios de cada sector.

Han desbordado a las instituciones previstas para encauzar los movimientos, los consejos sectoriales, y los consejos económicos sociales, han sido superados por el impulso soberano en su respuesta a las denuncias de cada sector. Lejos queda, lo que el Libro Blanco sobre la Gobernanza Europea (2001) hacía mención a los poderes de los ciudadanos y la desconfianza en sus instituciones, ahora se han escenificado bien claro esas desconfianzas y rupturas en los ciudadanos y sus administraciones.

Los puntos de referencia que el Libro Blanco recordaba están por desarrollar, porque tenemos que recordar que, fundamentalmente, incidía en:

- Una apertura en la sociedad y sus organizaciones administrativas y políticas. Cosa que todavía no se ha llevado a efecto.
- Participación en las decisiones. Que tampoco se ha aplicado, porque el ciudadano es todavía considerado un elemento «molesto» en el desarrollo para llevar a efecto un proyecto.

- Una responsabilidad compartida. Que no se realiza porque se huye de rendir cuentas y dar la posibilidad de una gestión participativa.
- Eficacia en la gestión. La contestación en este aspecto se agranda día a día, porque se carecen de los datos de una contabilidad analítica que ponga en claro, cómo se gasta, para qué y porqué.
- Y, por último, coherencia. No se explica al ciudadano lo suficiente sobre las decisiones del gasto, no se les da respuesta a sus interrogantes, y está llegando la hora de no pagar cuando no se compruebe la coherencia del gasto. Además, se complica con una deuda contraída para financiar proyectos no deseados y gastos de dudosa justificación, lo que incrementa día a día la exigencia ciudadana de auditar su deuda, para poder, si llegase el caso reclamar por responsabilidad de gestión y declararla ilegítima si se demuestra complicidad entre financiadores y políticos.

El pilar de una democracia es la participación, con sus muy diversas modalidades, sin excluir ninguna otra fórmula. El hecho de que la representación política sea la que formalmente esté más estructurada no quiere decir que otras fórmulas que se han desarrollado en las democracias no se adapten para aprovechar las aportaciones al campo positivo de la vida política. La participación directa, en general, tiene la riqueza de la espontaneidad y de la vida social que es la salida de la representación política. Podemos decir que no se entiende una sin la otra. Es por ello que en esta búsqueda de la acción democrática de la vida social nos encontramos que ambas concepciones confluyen en la desesperada búsqueda del cumplimiento de los principios de transparencia, junto con el del control y la rendición de cuentas. Son herramientas que se entrelazan en los procedimientos siendo reconocidos como soportes en dicho caudal de actividad social.

Es la responsabilidad ciudadana que se convierte en el vigilante de la actividad social y transforma a los ciudadanos en el ejercicio de sus funciones de control y transparencia de ser súbditos, a convertirse en titulares de derechos políticos, con el objetivo que los diferentes poderes que conforman las instituciones de la sociedad no hagan de su «capa un sayo», como se dice castizamente. Es la afirmación constitucional de «presencia ciudadana» que pasa del reconocimiento del derecho, al ejercicio del mismo, el cual con las tecnologías de comunicación, ha pasado de ser un reto a una realidad. Hay experiencias muy diversas que lo avalan.

Capítulo III

Controles financieros en las administraciones públicas

No se concibe una sociedad, nos recordaba Passavanti en el siglo XIV, sin una estructura organizada de bienes y servicios con los que atender a sus necesidades colectivas, con normas para sus administraciones y el control de sus caudales públicos recaudados con el esfuerzo común. A medida que las organizaciones sociales se amplían, sus formas de control se adaptan a la complejidad. Un paso importante fue el tránsito al Estado liberal configurado en el siglo XIX, donde junto a los derechos, se dan los pasos para vigilar por el funcionamiento y control de los servicios. La actividad gestora del control nos pondrá de relieve el carácter más o menos de las irregularidades que en la gestión se producen.

Desde las Contadurías de Cuentas de la Constitución de 1812, a las propuestas de la Ley orgánica 2/2012, han pasado doscientos años, un periodo que ha puesto a prueba a instituciones como la Intervención General del Estado, o el Tribunal de Cuentas. IGAE y Tribunales han cumplido un papel a veces heroico, pero ha llegado el momento de dar un paso más profundo que gestione con eficacia y transparencia sus funciones de control para que sean independientes de las presiones políticas, porque el control, lo entiendo como un contrapoder, para asegurar que los limites que se han puesto a los actores públicos se cumplen. Es un control que tiene una filosofía «inquisitiva», porque el sujeto controlado tiene que sentir que es vigilado, cuestión que no impide que se invoque a los principios de todo buen gobierno, o sea, que se cumpla voluntariamente la legalidad, la eficacia y la eficiencia, pero al mismo tiempo, una vigilancia que analice el cumplimiento y la mejora de una sana gestión financiera.

Porque no olvidemos que se analizan dos cosas, por un lado, la correcta gestión de los recursos, y, por otro, la acción de gobierno. Las minorías tienen el derecho a conocer, sin obstáculos, para poder discutirlo con el fin de dar publicidad a la opinión pública sobre las cuestiones que afectan a la sociedad. Esta labor se realiza de muy diferentes formas en las inspecciones, mociones, proposiciones o preguntas, así como comparecencias, debates, solicitud de información y también a preguntas de iniciativa ciudadana.

La comunidad andaluza inició esta práctica novedosa incorporando a su estatuto el derecho que tienen los ciudadanos residentes en la comunidad a ejercer su derecho a preguntar sobre cuestiones relativas a problemas de competencia de la comunidad autónoma. La Mesa de la Cámara es la que admite a trámite y ejerce el control para su tramitación. Andalucía y Canarias lo traslada a los grupos parlamentarios y en la de Murcia lo realiza la Secretaría General. En el procedimiento lo asume un diputado y se contesta en un plazo determinado, 15 días en Murcia y hasta un año en Andalucía. Existe un desconocimiento de este procedimiento, porque no se ha alimentado ni por los partidos políticos, ni por la sociedad civil. Además, deja en manos de los grupos políticos que prospere o no la pregunta. En Andalucía, en la V legislatura se contestaron a 15 preguntas en el pleno, y en comisión a 19; en la legislatura siguiente solo 6 entraron en el registro de la Cámara. En Canarias y Murcia tienen una escasa incidencia.

Observamos que ni la ciudadanía conoce el procedimiento, ni los grupos políticos lo promueven, porque se protagoniza el papel de interpelación, sin impulsar la iniciativa ciudadana, y, por último, porque más importante que las preguntas en sí es la vinculación que se crearía de utilizarse entre los ciudadanos y sus parlamentarios, pero por desgracia no se consigue. Los parlamentos regionales han seguido un mismo modelo, y han copiado las formas y funcionamiento del Congreso de los Diputados. Siguen con un funcionamiento reglado de siglo pasado, y que a todas luces no se adapta al dinamismo del presente siglo. Menos todavía tiene sentido la forma de funcionamiento de 17 parlamentos regionales, donde tendrían que ser la savia y el debate de las necesidades ciudadanas. Ese sentido de acercar la política a las necesidades, como esencia de las autonomías, se ha bloqueado en una estructura petrificada que como absurdo escudo se sitúa para defenderse de los ciudadanos, cuando debiera ser lo contrario, que el ciudadano diera aliento y debate a sus parlamentos, en donde se tratara de forma abierta sus problemas. El desinterés lo transformaríamos en un eco activo de los problemas que la sociedad vive en cada momento. Tendríamos más información, más pluralidad, más participación, y, como consecuencia, más transparencia.

Los medios locales deberían ser instrumentos activos en la difusión de los debates y no trasmisores de tediosas comparecencias de políticos y diputados. Tendríamos debates, con mayor proximidad, más tensión y cumpliendo una función de pedagogía activa haciendo participativa a todos los sectores de la sociedad. Tendríamos elementos de control dinámico, actual y sobre todo «el estado de cada región» se debatiría desde las necesidades que vive la ciudadanía y que la sociedad demanda, no desde la visión abstracta del político de despacho y moqueta.

Se desplazaría el protagonismo en un sentido bidireccional, por un lado la ciudadanía impulsora de iniciativas, y por otro lado, los políticos asumiendo el reto de dar solución a las demandas. Y como consecuencia de esta energía de debates, la Administración respondería con más agilidad a lo que se debate y se pide en los parlamentos. En el parlamentarismo anglosajón los responsables políticos están más pendientes de lo que ocurre en su circunscripción, que de lo que pasa en el entorno de su puesto en la Cámara. La cámara de diputados regionales tiene que transformarse en foros abiertos que con las nuevas tecnologías de la información canalice un procedimiento abierto y participativo, hoy es posible, y además es necesario.

Desde la calle, la ciudadanía está en ebullición, y se está alimentando un asambleario sistema para discutir los problemas. En mi opinión, este sistema ya experimentado en otros momentos de la historia política, hay que ensamblarlo en los parlamentos regionales y en los ámbitos de las administraciones locales, donde los plenos de sus corporaciones deben ser espacios más abiertos de debate. El control se puede realizar abriendo las instituciones, lo contrario de la acción numantina que algunos practican. Este bloqueo a fórmulas de apertura, que se defiende para rechazar el asalto de lo que se ha calificado como un nuevo populismo, no se para a pensar que lo que la ciudadanía pide, lo que la sociología política está orientando, es tan sencillo como asumir, como ha dicho David CAMERON (2010), dirigiéndose al parlamento: «estamos ante una nueva responsabilidad histórica, porque ante los escándalos que se viven, hay que hacer una política diferente, abierta, participativa, muy diferente a lo que venimos realizando». El ciudadano quiere que sus diputados, los que ha elegido, sean «suyos», o sea de sus problemas, con raíces en sus orígenes, porque ya es el momento de erradicar a los «paracaidistas» y a los «cuneros», porque esa forma de hacer política es la que nos ha llevado a este Big-Bang que estamos viviendo. Los ciudadanos desean que sus diputados, nacionales o regionales, vivan en sus barrios, paseen por sus mismas calles, comprueben la situación, den ideas y aporten soluciones, porque en caso contrario cada vez más los parlamentos y las instituciones, que no se adapten a estas demandas, vivirán «rodeados» física o virtualmente por los ciudadanos. Es el tiempo de asumir la crítica positiva, para que las reformas no lleguen demasiado tarde.

3.1. EL CONTROL EN LA ADMINISTRACIÓN LOCAL

El control en la Administración Local está siempre en ebullición, pero hay momentos en la historia del municipalismo español más efervescentes que otros. Ahora se palpa una tensión social importante, producto de dos consecuencias que se han entrelazado, la crisis económica y la falta de apertura de la institución. El diseño constitucional del artículo 140 establece que los vecinos del municipio mediante sufragio universal, igual, libre, directo y secreto, elegirán a sus concejales, y que estos a su vez elegirán al alcalde, alejando la posibilidad de que los vecinos puedan elegirlo directamente.

Se ha criticado esta forma indirecta de elección, pero los cambios que se pretenden tienen que ser para más democracia y control por parte del ciudadano. Por ejemplo, en Europa tiene mucha tradición la elección directa del alcalde, y la segunda vuelta en caso de no salir por mayoría en la primera. Junto a estos cambios, de más democracia, también hay que incorporar mecanismos de revocación a mitad del mandato, porque la dictadura temporal de algunos elegidos pueden obligar a un cambio por no cumplir un programa votado, o mentir a sus electores, son actuaciones que no se deben perpetuar en el tiempo, la solución democrática es pasar por las urnas, no ejercer la paciencia cívica de aguantar al político incumplidor o corrupto. Las reformas se deben pensar para unir a la sociedad, hacerla más madura y más corresponsables de las decisiones con su gobierno, local, regional o del Estado.

En la vida local es donde el debate permanente de la «confianza política» se manifiesta por los electores con más intensidad en cada periodo legislativo, y se convalida o se revoca en un sentido de esperanza en el sistema. El control de la vida municipal se realiza en el funcionamiento de sus instituciones de conformidad con la normativa vigente, con las singularidades de los concejos abiertos, y el encaje de la participación ciudadana se realiza de muy diferentes formas, con señales de apertura en aquellos gobiernos abiertos que se están desarrollando para dinamizar la vida local.

Cuando me refiero al control ciudadano, es para poder ejercerlo, y en la gestión municipal es esencial. Cuando se pierde la confianza solo queda como procedimiento la moción de censura y la cuestión de confianza, procedimientos complicados en la práctica. Es por ello que los ciudadanos no comprenden que estos mecanismos estén secuestrados por el mal entendimiento que hacen los partidos políticos «de proteger a los suyos, frente a los ataques del contrario», como si de una «familia» se tratara. Y observamos, con demasiada frecuencia, por desgracia, que alcaldes «imputados» sigan en sus funciones sin que prospere ningún procedimiento para desplazarlos de un poder que ejercen inmoralmente y en contra de la ética de un buen gobierno.

Ese concepto que los políticos han asumido, por desgracia, afirmando siempre que la oposición no tiene razón, porque se gobierna con el poder de los resultados electorales, está arruinando la vida pública en su ejercicio noble de los que son servidores de lo público. Sin normas éticas, sin códigos de buen gobierno, y con unos políticos enrocados en una defensa a ultranza de sus dirigentes, buenos o malos, estamos alimentando el monstruo de la desconfianza y dejando que los desaprensivos que se han colado en este mundo de lo público lo hayan convertido en un vulgar «lupanar» donde por no limpiar a tiempo todo huele mal. Falta coraje para ejercer la autoridad y sería deseable que los partidos políticos no dudaran tanto de asumir las reformas que están a la espera y que solucionen esta situación de descomposición, mala gestión, tráfico de influencias, y tantas cuestiones que ensombrecen la vida de las administraciones públicas. Es la hora de separar de las responsabilidades públicas a quienes no responden a los más elementales conceptos de la «honorabilidad».

Se habla del honor y de cómo se valora, olvidando que es un componente del deber ser, por ello cuando hablamos de principios legales, económicos y de eficiencia que deben presidir en la gestión del gasto público, lo incorporamos a las categorías del «deber ser», como un símbolo de la transparencia que debe presidir la vida de las instituciones, o sea, la gestión global de medios económicos y humanos, porque la gran sociedad, los llamados «stakeholders» que se relacionan en sus servicios, deben ser tratados desde ese grado de cumplimiento de los principios y desde ese concepto del «deber ser» de la gestión de lo público. Es en ese desarrollo cuando el derecho a conocer la gestión del gasto público por los diferentes niveles de gobierno se convierte en algo fluido, como un «derecho liquido» descongelado, que circula por la sociedad sin dificultad para ser controlado, filtrado, y dirigido en sus aplicaciones de servicios. Es la forma de hacer físicamente que el debate y la opinión se fusionen en la liquidación y rendimiento de las cuentas públicas. Todo ello con la normalidad del deber hecho, con la transparencia que debe presidir la vida pública, con facilidad de comprensión, abordando donde exista un problema, para buscarle soluciones. Así de sencillo, pero así de difícil, por la opacidad reinante.

Capítulo IV

La ética y la eficacia en el gobierno de lo público

El modelo de cuestionar la identificación de los valores es preguntarse ¿para qué? Y hacerlo una y otra vez, con la misma insistencia que lo realiza un niño pesado. En esos momentos pensativos de la búsqueda de respuestas es oportuno preguntarnos: ¿para qué queremos la ética?, ¿para qué queremos la eficiencia?, ¿para qué queremos el buen gobierno de las instituciones? Las respuestas nos sorprenderían si las contrastamos con lo que se opina en la sociedad, en los medios de comunicación, en las tertulias audiovisuales, y las que cada uno, en su sinceridad íntima se responda.

¿Para qué? Debemos preguntarnos una y otra vez, es decir, tenemos que descubrir con nuestras presuntas los interrogantes que la vida nos pone más allá de lo que vemos, de esta forma alargamos los deseos de la existencia humana en búsqueda de esa «experiencia estética» de una lista de valores que debe constituir la base de nuestra convivencia.

Entre esos valores, que se traducen en la sociedad en el disfrute de los bienes básicos, están la salud, la seguridad, el respeto a las personas, la amistad, cultura, y Rawls (2012) nos recuerda un listado de bienes primarios que Nussbaum y Sem (1998) nos completan con lo que denominan, los bienes de capacidades. Con éstos podemos construir una lista progresista, y cada persona completarla con las respuestas a los interrogantes que se haya realizado, pero precisamos algo más, precisamos que esa lista se convierta en universal, y para ello tenemos que superar lo personal, *«la aldea»* para situarnos en el *«universo»* que serán los criterios para circular por una civilización que sume a todos los hombres en sus proyectos, para que desde cualquier parte del planeta, o de nuestros territorios nacionales, la respuesta sea clara: *«con ética, buen gobierno y eficacia»* una triada de valores que constituyen los bienes básicos para construir nuestro catálogo de valores y libertades, algo que surge desde las entrañas de la declaración Universal de los Derechos Humanos desde 1795.

Este deber cobra su sentido más profundo cuando la perspectiva pasa a ser más inclusiva, pasando del *«yo»* al *«nosotros»*. Es cuando pasamos de interrogarnos cada uno, y nos preguntamos *«colectivamente»* una respuesta para *«nosotros»*, para *«todos»*, con sus diferentes respuestas de a medio y corto plazo. Es el camino donde están presentes las respuestas de lo que es justo, es moralmente ético, entendiéndolo en su sentido clásico, esto es, como una vida correcta en el comportamiento social.

La teoría moral, la teoría del derecho y la teoría política, nos dice HABERMAS (2009), paga un alto precio por esa división del trabajo con una «ética» que ya solo está especializada en la forma de la autocomprensión existencial, cuando hay que asegurar la acción correcta. Se deben superar las teorías de la justicia desacopladas de la ética y poner los medios, además de la esperanza, que el compromiso, los procesos de socialización, la acción política, acompañen a las formas de vida política, pública y privada. Es una tarea que elegimos al vivir en una sociedad, la asumimos como ciudadanos, rindiendo cuentas continuamente, y lo tenemos que hacer a la luz de nuestro ordenamiento jurídico y los pronunciamientos de los Derechos Universales.

En la Constitución del 78 no aparece la palabra «ética» en todo su extenso texto, es cierto que todo lo expuesto lo encontramos en el título primero, si nos hacemos las preguntas de rigor, en el título preliminar y en el capítulo I, donde el desarrollo de la personalidad, la dignidad y el derecho de los demás se une a la referencia de la Declaración Universal de los derechos Humanos. Pero, repito, la palabra «ética» no aparece, a los constituyentes no les pareció que se debía «especificar» ese énfasis que ahora existe, porque se entendía que con la democracia las instituciones funcionarían y sus responsables actuarían con la máxima eficiencia, eficacia y legalidad. Craso error.

No se miró a lo que ocurría en otras partes, no hacía mucho se había producido la reprobación del presidente Nixon –Impeachment– que lo apartó de la presidencia, con un indulto incomprensible por su sucesor Gerard Ford, lo que generó ríos de tinta, ante el asombro de las conductas antiéticas de funcionarios o de gobiernos. La Ley de ética del Gobierno, y la creación de la Oficina de Ética del Gobierno de los EEUU, son el resultado de estos acontecimientos. En España hasta el 2005 no se aprueba el Código de Buen Gobierno, de los miembros de Gobierno y

Altos cargos de la Administración General del Estado. Y posteriormente (2007) se publicó el Código de Conducta de los Empleados Públicos.

La OCDE, en mayo de 1998, aprobó el Comité de Ética Pública, las recomendaciones de ética en el servicio público, que se concretan en los siguientes apartados:

- Las normas deben ser claras.
- Deben plasmarse en disposiciones concretas, nada de orientaciones difusas.
- Deben tener mecanismos de control y exigencia.
- Derechos y obligaciones de los empleados públicos con claridad en las normas.
- Deben exigir un liderazgo político que apoye refuerce a los funcionarios.
- Un proceso transparente y que permita investigar.
- Las líneas de relación entre el sector público y el privado tienen que ser muy claras.
- Las directivas públicas deben incentivar las conductas éticas.
- Los políticos y su gestión deben incentivar la conducta ética.
- La gestión de los recursos humanos debe de igual modo motivar la conducta ética.
- Mecanismos de responsabilidad.
- Procedimientos y sanciones que castiguen las conductas irregulares.

El Tribunal Constitucional, en su sentencia de 2-8-1989, distingue entre códigos deontológicos y códigos éticos, señalando que los primeros tienen naturaleza jurídica y los segundos son de índole moral. La integridad como dice Downs (2013) consiste en la coherencia entre las declaraciones y las realizaciones. Es lo que se señala como valor positivo de la integridad que las personas sean más transparentes y eficientes. La Ética pública es el medio de identificar y poder valorar las conductas que se producen en los entornos de la gestión pública, de ahí, la necesidad de imponer en nuestras organizaciones una ética aplicada, o como dice el profesor Villoria (2005), más ética profesional, que no hay que confundirla con la «ética de las profesiones» que ejercen sus actividades en la sociedad civil.

Es ese calado profundo que la ciudadanía valora positivamente y que actúa de impulsor de la eficiencia y la transparencia del sector público. Un sector que no precisa de maquillaje, sino que tiene que construir día a día, en esa toma de decisiones, optar por aquellas que aporten valores y que den sentido a que la ciudadanía sienta que las acciones de «su administración» aumentan sus posibilidades de llevar a cabo una vida sin trabas.

Así la eficiencia en el gasto público irrumpe como la alternativa más adecuada para desarrollar los necesarios programas de gasto público que por la evolución dinámica de la sociedad requiere nuevos escenarios, con la proyección de aumentar los servicios públicos con los recursos actuales, es hacer más, con menos. Y esta presión, de hacer más con menos, es urgente porque irrumpe de lleno en los factores básicos. Por un lado, la globalización, que está exigiendo a las administraciones públicas a que su eficiencia crezca, ganar la batalla de mejorar los servicios con más eficiencia, y ganar esa batalla es conseguir el reto de la competitividad. De esta forma los ciudadanos sienten que sus demandas son atendidas sin que por ello los costes se eleven descontroladamente. Y, por otro lado, se da respuesta a un cambio en la población, donde las demandas se trasladan de unos servicios a otros por motivos del envejecimiento, en donde la sanidad y la asistencia social se hacen presentes y prioritarias. Por este motivo cambiar de orientación con la política en su propio contexto microeconómico, es adaptarse a esa evolución, para evitar despilfarros por un lado, o carencias de recursos por otro.

La sanidad y la educación han concentrado la atención de los estudios, pero otros servicios, como la justicia, la seguridad ciudadana, inspecciones tributarias, lucha contra la pobreza, servicios de recogida de basuras, incendios, y toda una carta de servicios públicos municipales, han sido objeto de análisis con muy diferentes informes, contribuyendo los que se han desarrollado con la técnica DEA (Análisis Envolvente de Datos) los más conocidos y divulgados.

La eficiencia pública debe medirse y evaluarse, para lo cual, se precisan métodos que permitan evaluar y construir un ranking de referencia, que sirva para evaluar, ver la evolución y obtener los estímulos para aumentar la eficiencia. Se han utilizado métodos como los propuestos por VALLE (1989) en metodologías de costes privados de la producción pública, que desarrollan un método frontera, que consiste en comparar el coste de producción generada por las AAPP con el coste del mismo sector empresarial, para calcular las diferencias. El exceso, en el caso de producirse, sería la menor eficacia relativa del empleo de los recursos públicos con referencia a los privados en cada sector.

Los cálculos realizados con esta metodología por RUEDA (2005) en el espacio UE y Estados Unidos, España ocupa el duodécimo lugar, registrando un exceso de coste del sector público frente al privado del 27,40%, es decir, en el sector público es más caro producir los servicios que en el sector privado en un 27,40%, en la hipótesis que se empleara los mismos factores productivos. Esto no quiere decir que se tenga que privatizar el sector público, como pretenden algunos, sino que hay que racionalizarlo, eliminarle las ineficiencias, porque países como Suecia y Finlandia, presentan unos costes públicos más eficientes que los privados, lo que pone en evidencia que no es determinante la propiedad, es más bien un problema de gestión pública, porque los tres países del Sur, Grecia, España y Portugal, son los menos eficientes, los que menos desarrollo tienen, y los que más corrupción soportan, soportando un nivel de fraude muy superior, todos superan la barrera del 25% del PIB. Es por ello que se tiene que analizar la eficiencia contando con esos factores negativos pendientes de solucionar.

MUSGRAVE (1992) nos recuerda, con el fin de no desviar la atención, que el objetivo no es el adelgazamiento del sector público, lo que algunos defienden como «menos gobierno», sino cómo mejorar su eficiencia, porque mejorando su gestión es cuando de verdad se reduce el gasto público. El reto es conseguir mayores cotas de calidad en los servicios públicos, porque solo los incapaces, toman los recortes como solución. Los recortes no solucionan nada, dejan la ineficiencia sin abordar y más aumentada, porque recortando lo que se hace es incrementar el diferencial que nos separa, porque el menor gasto cuantitativo, cualitativamente hablando, se hace menos a mayor coste, proyectando una carga más negativa a futuro y aumentando el problema. ¡Así de claro!

Las reformas hay que enfocarlas cambiando el modelo, hay que proyectar otras formas de gobernanza, donde el funcionario, el directivo público, responsable del servicio, debe plantearse su forma de gestionar sus medios, haciendo más con menos (OCDE/ 1993), pero este slogan tan manido, hay que entenderlo hoy. Hay que «hacer» más, o sea, con más participación, abandonando el sesgo solitario del gestor, para incorporar a la «clientela» que son los ciudadanos, lo que se conoce en términos de relaciones con los consumidores como los stakeholders, equilibrándose los intereses contradictorios, que siempre han surgido, y transformándolos en políticas de gestión participativa priorizadas, donde la legitimidad de las necesidades florezca y el éxito de la gestión, sea la cobertura de las demandas.

Nos movemos entre los modelos de las 3E (economía, eficiencia y eficacia) y las 3D (diagnóstico, diseño y desarrollo), y no nos damos cuenta de que responde a situaciones diferentes. Hoy estamos más en modelos de gobierno abierto (nueva gobernanza) que responde a las 3D, según Ramírez y Villoria (2012), porque se basa más en la lógica más abierta, en donde la participación y la transparencia, se incorporan en los mecanismos, y son ellos, junto con los agentes (funcionarios) los que producen el proceso de la «social accountability» en beneficio de las 3E que se orientan, llegado esta situación más a la innovación del propio sistema.

Hoy vivimos en un mundo abierto, interconectado, y los modelos tienen que responder a esa dinámica, por ello los controles, no son ya los anticuados conceptos de supervisión, ni tan siquiera los normativos, aunque no pueden faltar los unos ni fallar los otros, no una legión de vigilantes hombre de negro, aunque tampoco podemos perder de vista a los que ejercen el control y la auditoría, sobra una burocracia y faltan protocolos vivos, donde las actuaciones se incorporen en los procedimientos activos. Hoy precisamos de una gestión abierta e innovadora como concepto general, con capacidad de hacer, de generar iniciativas y coordinarse trasversalmente, porque el control, requiere un control de todos, gestores y usuarios, evaluando internamente y con participación del usuario, con mucha transparencia, y que esté orientada a la promoción de un aprendizaje diario, para superar en gestión y en servicios.

Quiero insistir en la conclusión de este capítulo, que los conceptos tradicionales hay que cumplirlos, pero hoy los nuevos principios de participación y gestión social en el gasto público son esenciales, porque sin transparencia y coordinación participativa de los usuarios no podemos avanzar en la nueva gobernanza, nos falta siempre algo, y ese algo, es unir el esfuerzo con la sociedad. Porque esa unión cada día nos dará mejor visión para que los gestores públicos sean más eficaces. Rentabilizar las posibilidades, conocer lo que los gestores públicos hacen con el dinero de todos, y debatir. Debatir sin miedo, recogiendo opiniones, preferencias y dejando que la ciudadanía hable, sin censura, de lo que le sea vital, porque en ese dialogo encontraremos el mejor método de gestión de nuestros fondos públicos. Si huimos de ese debate, el enfrentamiento nos conducirá a la desintegración, sin embargo el modelo abierto nos pone en la práctica de un dialogo sin temores. Y, socialmente, si superamos los miedos, superamos los inconvenientes de mandar y obedecer, porque lo sustituimos por cooperar gobernando lo que es del común, porque el gasto público no es algo fuera de nuestras vidas, es una parte importante de nuestra convivencia y la garantía de nuestro futuro.

Capítulo V

De la responsabilidad social corporativa participativa (RSCP)

El gobierno corporativo no ha estado ausente en la reciente crisis económica. La falta de transparencia ha sido la causa de los desaciertos en la organización y un efecto directo de las causas que ha originado la crisis financiera del sistema. El relajamiento en los mecanismos de control impidió que saltaran las alarmas y fue el causante de no alertar con anticipación, favoreciendo las decisiones oportunistas y beneficiosas que los directivos de las grandes corporaciones realizaron en beneficio propio. Una posición encontrada con los intereses de los propietarios –shareholder– y lo que es más grave, en perjuicio mayoritario de los restantes grupos de interés –stakeholders–. Unos y otros han sufrido los abusos de ese deficiente gobierno corporativo que está en manos de quien ejerce muchas veces el poder delegado, con evidente abuso del mismo, unas veces perjudicando a los consumidores, vía precios abusivos, a sus propios trabajadores, imponiendo contratos precarios con poca formación, y también con un trato desequilibrado con sus proveedores, impidiendo negociar en un plano de igualdad, forzando las debilidades de sus posiciones, sin valorar que están destruyendo un tejido de pequeñas empresa y de autónomos, que destruye las cimientos del sistema social.

Algo ha ocurrido en esta etapa de crisis de la economía, con un permanente desencuentro en las formas de buscar un desarrollo, su equilibrio social, y conciliar los intereses públicos y los privados. No es posible mantener compromisos sociales y de interés público aplicando solamente criterios gerenciales de mercado, porque en el proceso, el modelo social que se quiere desarrollar no es sostenible. El Estado Social debe ser protegido de los intereses económicos porque una cuestión es que se avance con un acercamiento en la implantación de una RSC y otra que los modelos impuestos por el neoliberalismo de los años 80 nos tranquilicen nuestras aspiraciones porque cumplimos unos requisitos, más bien formales y que no transforman la vida de las corporaciones.

El virus de la crisis financiera ha dejado huella, y nos obliga a replantearnos el papel que en la sociedad moderna del siglo XXI tiene el concepto de lo público y de la propiedad privada, y sus relaciones en la economía globalizada. El papel de los gobiernos en la vida económica y social, dice PIKETTY (2015), se pueden examinar por la importancia adquirida en el conjunto de los impuestos que regula el sistema. Pero debemos reflexionar, que trayectorias analizadas en países calificados como ricos y avanzados en su progresividad, los comportamientos de la RSC no han superado las deficiencias que se han presentado en la crisis, y esto se debe a que el cumplimiento de la obligación de contribuir, si no está desarrollado con una democratización de la economía, no deja de ser «un capitalismo de amigos», que ha mejorado sus mecanismos internos y externos de gobiernos, de gobiernos corporativos, y que su nivel de contribución es superior al de otros países más opacos, pero sigue siendo una economía cerrada, que no permite la democratización de la economía y la transparencia en todo su funcionamiento.

Estas deficiencias las señala la OCDE, invitando a los gobiernos a que revisen con regularidad sus formas de control, marco normativo, por la deriva permanente a «olvidar» su cumplimiento. La Ley 31/2014 por la que se modifica las sociedades de capital es un paso en los cambios normativos en esta materia. En esta nueva normativa, se plantea la necesidad de mejorar los mecanismos de control interno en el ámbito del gobierno corporativo, así como su funcionamiento más fluido con los organismos reguladores, con el fin de ir democratizando la empresa y que se equilibre el reparto de excedentes en relación con los riesgos que se asumen en la gestión del negocio, para ello se precisan dos cosas: más transparencia y más calidad en la información.

Una información que debe fluir del exterior. Y el primer destinatario de esa información es el accionista minoritario y la Junta de accionistas. Los accionistas minoritarios no deben ser meros invitados a una ceremonia anual, porque a las Juntas de accionistas hay que darles más protagonismo en la discusión de las decisiones empresariales, esa apertura evitará decisiones de discrecionalidad que muchas veces poco tiene que ver con los intereses de la empresa. La experiencia de la crisis así lo ha puesto de manifiesto.

En las crisis se abusa de reinventar los sistemas, no olvidemos que en el epicentro hubo quien quería «reinventar» el capitalismo, y con la RSC, pasa algo similar, se pretende por algunos reinventar, y esa huida es por la confusión conceptual sobre qué es y qué no es RSC, y los fallos de su implantación en las empresas son un reflejo de esa confusión. En la respuesta de qué es, qué función tiene y cómo cumple sus objetivos sociales, está la solución. Un consejo, cuando aludimos su función en la empresa, en la organización que se implante, repasemos con una mirada crítica a los incentivos y estímulos que desarrolla la empresa, y si estos responden a los conceptos de «responsabilidad» de una empresa que planifica su permanencia con un futuro viable, o simplemente busca el beneficio a corto plazo. No es necesario poner ejemplos, porque la crisis económica se ha encargado de ello.

La indignación de buena parte de la sociedad contra el negocio fácil, en general, y contra determinadas compañías, profesionales, ejecutivos, consejeros y políticos, en particular, señalan directamente al centro de la crítica de una RSC que no ha detectado las malas prácticas que se realizaban. La buena imagen empresarial y la responsabilidad social, imponen que las corporaciones, los inversores y los usuarios, junto con la comunidad social, conozcan y analicen el grado de transparencia de las empresas, sus códigos de ética y los puntos en donde han sido más vulnerables y las mejoras propuestas. Todo ello con el objetivo de abrir nuevos cauces a la participación accionarial para no incurrir en los errores de los ejecutivos en persecución de sus bonus personales.

Las decisiones sobre las transacciones más importantes, deberían ser competencia indelegable de las Juntas Generales, porque los Consejos de Administración deben estudiar y analizar esas propuestas para llevar la discusión final a los órganos de máxima representación: las Juntas de accionistas. En estas decisiones deberían incluirse las remuneraciones de todo tipo que perciben los consejeros y ejecutivos, con todo detalle no sólo de su salario, sino de esa cuantía indefinida que supone usar y disfrutar de muchos medios de la empresa para su uso personal. Un control y límite en los gastos de representación por el abuso que se ha producido en la viciada permisividad de cargar a la cuenta de resultados la forma de vida lujosa, y a veces, hasta escandalosa de los altos ejecutivos.

En las Juntas se precisa que los accionistas puedan actuar abiertamente y sin limitaciones para ejercer sus derechos minoritarios, y sería bueno que se regulasen formulas en defensa de los mismos y porcentajes de representación para esos mínimos en las sociedades cotizadas y en las no cotizadas. Para ello se requiere que las normas de información y transparencia sean amplias, para que ese porcentaje minoritario pueda solicitar a los Comités de Control todas sus actas y documentos, así como a los auditores y asesores jurídicos de la compañía. No se puede permitir que los ejecutivos gobiernen a las empresas a su manera, muchas veces muy peculiar, por no decir irregular. GALBRAITH (2004) nos alertaba de que las empresas no tienen un derecho natural que les permita gobernarse a su aire. Los mecanismos internos fallan, y estos fallos que hemos vivido en la crisis, ponen de manifiesto, que todas las medidas de control son a veces pocas, porque el virus del capitalismo de amigos ha señalado que ni la CNMV, ni el BE, ni los auditores, ni la RSC, ni los demás organismos y comités de control se enteraban, o no los dejaban, que ejercieran plenamente sus funciones. Las consecuencias han sido una ruina social, millones de pérdidas, hundimiento del mercado laboral, una desintegración en los territorios por la descomposición de una política empresarial.

Democratizar la sociedad sin conseguir que esa democracia no llegue a las estructuras de las empresas es una visión incompleta y que tiene su coste social, que se recrudece cada vez que surge una crisis económica y las soluciones políticas que se toman para resolverlas. Para evitar estos desajustes hay que empezar porque en los informes de los gobiernos corporativos hay que informar de cualquier evento negativo y sus propuestas para solucionarlo. Y de igual forma, hay que modificar muchos de los procedimientos, responsabilidades y obligaciones, así como los sistemas de control y su independencia de la profesión auditora, porque hay que superar los trámites formales y reglados de la auditoría financiera, que está resultando poco efectiva, para alcanzar un concepto de auditoría global. Una visión que no solo responda al concepto de buscar la imagen fiel del balance, sino de lo que representa la imagen fiel corporativa, en donde se auditen no sólo las cuentas financieras, sino las políticas empresariales, el funcionamiento de sus estructuras, los códigos de ética, así como los niveles de cumplimiento de todas las legislaciones que afectan al desarrollo de su actividad. Para ello se precisa que la auditoría sea una profesión incompatible con todos los ejercicios de otras profesiones, en especial con la consultoría, y las muy diferentes asesorías fiscales, legales, técnicas y de mercado, con el fin de que desde la influencia de su trabajo no se deriven hacia otros sectores profesionales ningún tipo de negocio o servicios. La auditoría tiene que concebirse como una profesión privada, pero que tiene un mandato público que asume el protagonismo de ser el árbitro en un sistema de equilibrios que busca la transparencia en el sistema y la excelencia de su organización.

En definitiva, necesitamos concentrar en la profesión auditora la independencia más absoluta y es por ello que me uno a los que piensan que los auditores no pueden ser nombrados, elegidos, y cesados por quienes les pagan sus honorarios. Los auditores deberían ser nombrados por las Juntas generales de las empresas o instituciones a propuestas de las minorías y en el supuesto de producirse sucesivamente tres rechazos, nombra el registrador mercantil o el registro competente del depósito de cuentas.

Hay un largo camino todavía por recorrer, muchas de estas propuestas tienen que ser homologadas por las directivas europeas, pero pensemos que Europa padece en su conjunto los mismos problemas que estamos analizando. La opacidad del sistema se ha generalizado, y hace falta pasar de la desregulación existente a una participación activa, una forma de garantizar que la redistribución en su concepción más amplia se hace efectiva en la sociedad, donde se revalorice el interés social con un derecho que respetando los ordenamientos jurídicos esenciales, se resalten los derechos sociales de la comunidad.

Hoy el trabajo es un privilegio, porque hay una parte muy importante de la población que o carece de empleo, o lo tiene tan precario, que es un salario de pobreza, una situación de desigualdad que ha configurado el sistema hacia un modelo abierto, flexible, poco estable, y que ha generado unos niveles de carencias que hacía décadas que no se conocían. A mi entender, las líneas orientadoras de una RSC tienen que ser introduciendo la participación, con el fin de poder incorporar a todos los agentes interesados. Tiene que darse una compensación de los derechos económicos –del inversor– con los derechos sociales, de los stakeholders. Pero incluso esa amplitud de la RSCP (participativa), debe buscar como objetivo, entrar en el corazón de la empresa para dar el flujo suficiente a un sistema de circulación compensatorio. Y es en esa circulación compensatoria, donde iremos encontrando nuevos caminos de organización empresarial que darán su fruto, económico y social.

Una nueva lógica de regulación social compartida, en donde el estado, el mercado y la comunidad, se configuran como una nueva matriz de modernidad para conseguir un equilibrio de los tres pilares, –inversores, trabajadores y sociedad– y que está demostrado su desajuste y su deficiencias de funcionamiento. La primacía ejercida por los mercados –inversores– y amparados por un Estado secuestrado, debe transformarse, con la entrada de ese tercer pilar que ha estado marginado del proceso: la comunidad. Los ciudadanos, desde su consenso participativo, realizarán ese equilibrio representativo, que impulsará una nueva savia capaz de impulsar esa búsqueda permanente de un Nuevo Estado Social de Derecho.

Capítulo VI

Mecanismos de transparencia desde la perspectiva ciudadana

El modelo de transparencia desde una perspectiva ciudadana se fundamenta en su percepción social, porque según la forma en que se regule puede producir más o menos desigualdades y exclusiones desde una visión de la crisis social en que vive la sociedad democrática. No olvidemos que la crisis actual ha alterado sustancialmente muchas relaciones en la sociedad, que han afectado a las formas de relaciones de los ciudadanos en sus municipios, sus regiones, estado y estructuras supranacionales.

Cada vez que se desplazan los centros de decisión, se pierden posibilidades de transparencia, de ahí que las políticas de privatización sean un modelo que además de empobrecer y reducir capital público, sean murallas que se van levantando en las conquistas de una sociedad más transparente y solidaria. Es una pérdida de llevar a cabo políticas que aseguren la calidad democrática, y lo que es una consecuencia regresiva por reducir la influencia en las políticas de bienestar social. Se camina a una sociedad más preocupada por la primacía económica en detrimento de la política social. La izquierda y la derecha, como forma de ver la vida, van a tener aquí un espacio privilegiado de confrontación de ideas.

En estas confrontaciones, siempre tendremos un patrón para medir, que será, la forma en cómo la desigualdad aumenta o disminuye, por eso los procesos tienen que ser democratizantes para recuperar identidad, en dos direcciones, en más transparencia y en más democracia, porque sin transparencia no avanzaremos en democracia. El sistema capitalista presiona para tener controlada la sociedad, bloqueando en más presión o menos, según analice el momento, para que la desigualdad sea una válvula que controle, y abrirá o cerrará el sistema, según el ciclo económico, el sector más evidente es el mercado de trabajo. No podemos olvidar que a las históricas desigualdades hay que sumarle otras nuevas, y entre esas nuevas desigualdades, están las de exclusión o inclusión en el mercado laboral, así como las de impedir o abrir el control de las instituciones, con más o menos transparencia y rendición de cuentas. El control sistemático del sistema educativo el control de la cultura, la manipulación de las ideas religiosas en el dominio de la sociedad y por último, no lo perdamos de vista fomentar el centralismo, porque el federalismo contiene un prejuicio de peligrosidad democrática.

Es la ciudadanía la que tiene que avanzar hacia una integración en sus demandas de transparencia, porque el sistema está trasladando con desprestigio el concepto a la ciudadanía, se le requiere, pero se le rechaza. Es una relación político-liberal de actuar con la ciudadanía en su aspecto de baja intensidad, la teoría de la representación y las ideas, empaquetadas como banderas, para enaltecer el espíritu, pero manteniendo la desigualdad. Es una relación vertical que secuestra poco a poco la voluntad, para debilitar al ciudadano y conseguir con facilidad su favor –voto– para representarle como salvadores de su bagaje ideológico-conservador.

Yo pienso en una sociedad sin murallas, con respuestas fáciles a los interrogantes de los ciudadanos, con espacios abiertos y comunicados por las redes sociales, y que esa navegación por las nuevas tecnologías nos faciliten más libertad y eficiencia en la comunicación y en la gestión, una demanda para avanzar en poner los medios al servicio de la ciudadanía, para que se pueda ejercer un nuevo poder aprovechando ese espacio técnico en vivir una democracia más abierta y directa.

Resulta incomprensible que al ciudadano se le discuta ese espacio, la administración pública tiene que poner en la red pública toda su gestión, todos sus procedimientos de los pasos administrativos, salvando la privacidad que nos indica la Ley de protección de datos. La información debe estar en tiempo real para controlar el ciudadano la información que se precisa. No hay explicaciones, hay que dar respuestas, porque la información puede resolver muchos de los problemas de la desconfianza que hoy están presentes en esa nueva ciudad global, abierta y debe soportarse en ese espacio abierto, hoy destrozado, porque el ojo del ciudadano ya no lo controla, cuando debe ser una institución de cristal. Esa visión de cristal, asegura Sassen (2015), es un surgimiento de las nuevas ciudades globales, terminando con la fragmentación entre los ciudadanos, porque todos tenemos la misma oportunidad de información. Hay que romper la figura de vivir en una jaula de hierro, como decía Gellner (2008), porque es el momento de alcanzar una nueva lógica de la distribución de la información para que los ciudadanos pueda vivir en una sociedad que controlen, sin una burocracia opaca y que impide la eficiencia.

Una de las orientaciones de este cambio se dirige hacia las Administraciones Públicas, que han intentado adaptarse por muy diferentes modelos de gestión a los nuevos retos de las demandas de la sociedad. Pero los modelos técnicos no han dado los resultados deseables, es cierto que se ha avanzado, la eficiencia se busca con más insistencia, pero estamos lejos de que tengan un efecto significativo a nivel general o puedan contribuir a conseguir la eficiencia deseada que se precisa, donde se elimine los obstáculos en la falta de la transparencia, y elimine las ineficiencias y mejore el déficit, según pone de manifiesto Brumby (2000).

Tenemos que lograr modelos de apertura, de una circulación de la información, no solo ponerlo, sino impulsarla, para que el ciudadano la pueda analizar y auditar, contestar y exigir una rendición de cuentas periódica. El presupuesto es la batalla más importante que libra la ciudadanía cada año. Es su salario social, donde recibirá o no, su parte de equidad que el sistema aporte al bienestar social. De ahí que lo importante, no es que se aumenten los recursos, que dependerá en gran medida de la capacidad recaudatoria, sino que aumentemos los resultados. Unos resultados que serán medibles siempre que mejoren su capacidad de mejorar en gestión, incrementar la eficiencia, para hacer más con menos. Es la teoría inversa de los recortes, porque el recorte presupuestario es la manifestación del gestor de su propia incapacidad en la distribución de los recursos públicos. Hay que preguntarse incesantemente ¿por qué resulta tan difícil reformar la gestión pública?, ¿cómo la podemos mejorar?

Los gestores públicos tienen que tener capacidad de búsqueda y construcción de compromisos y de iniciativas de cambios, para lo cual tenemos que descubrir los tipos de control y de evaluación, con una efectiva rendición de cuentas para estimular la innovación que mejora la gestión pública. Y esa gestión eficiente no quiere decir que a los ciudadanos nos abrumen con datos y datos, para que no veamos los que nos importen. Queremos que se marquen unos objetivos claros, y que se den cuenta de su cumplimiento y desviaciones. Significa que hay que adaptarse a que el control, los objetivos y la evaluación, sean utilizados para identificar una gestión «sana» de una «despilfarradora», y valorar cuando se obtienen «buenos resultados» y porqué y los criterios de evaluación y saber cuándo los resultados son un «fracaso», porque hay pocos gestores públicos (políticos) que presenten *motu proprio,* el fracaso de una gestión, y no hay cosa más sana en democracia que saber que se ha intentado, y que a pesar del esfuerzo, se ha fracasado, porque unas veces es culpa del gestor, pero otras, puede ser de factores externos no controlados que interfieren con sus efectos negativos o positivos el resultado final.

Nuevas medidas de éxito es pasar de las tres «E» economía, eficiencia y eficacia, a añadir las tres «D» diagnóstico, diseño y desarrollo. Porque ya no se puede ser solamente eficiente y cumplir con la legalidad, hay que tener un diagnóstico de cómo se tiene que aplicar, y es en ese proceso donde la ciudadanía tiene que estar activa con los mecanismos de la participación, para desde sus preferencias, alcanzar el «diseño» de la sociedad que se desea y «desarrollar» las soluciones adecuadas para alcanzarlas.

Estos criterios de funcionamiento con la participación ciudadana en los procedimientos experimentados de los presupuestos participativos pueden ser la señal que produzca como un efecto de «abre fácil» en el complicado mundo de relacionar la gestión pública participativa, los funcionarios, y los ciudadanos. Es la amplitud del modelo de «gobierno abierto» que con tanta claridad nos describe Villoria (2012), donde se puede observar la capacidad de respuesta a cambios en el entorno, cuestionando el propio diseño de las políticas públicas y sus organizaciones. Un modelo de gobernanza abierta y relacional, con transparencia y rendición de cuentas, participando todos los grupos e interés, con todos los ciudadanos en general, donde el control social se efectúe sin perder la visión que el desarrollo y la estrategia tiene que impregnar en los diseños donde la participación sea capaz de innovar en gestión para garantizar su presencia y control. Para ello hay que superar los obstáculos de complejidad e incertidumbre de una sociedad globalizada en un mundo interdependiente. Es un reto, pero superable con la capacidad participativa de los ciudadanos.

Aunque las propuestas de participación en la evaluación de la gestión pública se están abriendo paso, es la crisis económica la que está facilitando su desarrollo, así lo ven desde los Países Bajos con la implantación de las auditorías de eficiencia con un claro enfoque participativo ciudadano. Las auditorías de la NCA (Corte Nacional de Auditoría) deben tener en cuenta sus resultados, con reuniones de evaluación, paneles con expertos externos y discusiones abiertas de evaluación de programas públicos. En EEUU los Departamentos y Agencias del gobierno, están obligados a diseñar e implementar intercambios de información, tanto entre ellos, como con ONG, sectores económicos y los ciudadanos, buscando siempre la participación y la innovación.

Hoy existe un interés que gana terreno en el control social –Social Accountability para mejorar la gestión del gasto, extendiéndose como incentivo para mejorar las políticas públicas, y avanza positivamente cuando se fortalece la rendición de cuentas y la participación ciudadana que produce un efecto activo para los flujos de transparencia en el sistema de priorización del gasto, su ejecución y liquidación, desarrollando avisos, como ocurre en los programas de la RATB –Recovery Accountability and Transparency Board– donde se comunican avisos precoces sobre problemas de despilfarro, fraude y mal uso de fondos.

El objetivo es avanzar en las formalidades en el control del gasto, para introducir nuevos actores en el escenario de su gestión, gestores externos, que sin costo, aumente su eficiencia y dar pasos para reconocer el derecho que la sociedad tiene a estar informada de lo que hace el gobierno con su dinero, con un aspecto relevante, que el ciudadano fije sus preferencias con lo que se conseguirá un efecto directo de la equidad que el sistema debe tener en cuenta. Es como se dice en el Memorando sobre transparencia y gobierno abierto, impulsado por el Presidente Obama, que un gobierno transparente proporciona información sobre lo que hace, lo pone a disposición de sus ciudadanos, publica todos sus datos y fomenta y promueve la rendición de cuentas ante su ciudadanía. Además impulsa un gobierno participativo, impulsando que los ciudadanos se integren en la gestión de lo público, dando paso a plataformas deliberativas y redes sociales de control. Trabaja conjuntamente para resolver los problemas públicos aprovechando los canales organizados de la sociedad civil. Es un esfuerzo conjunto de la sociedad, con las administraciones, entre ellas, y trasversalmente entre sus funcionarios públicos.

La iniciativa de gobierno abierto se han visto reforzadas con la firma del Open Government Partnership (ver en *www.opengovpartnership.org*) que firmaron cincuenta países en donde se afirmó que «cuando un gobierno oculta su trabajo de la vista pública, reparte puestos de trabajo y dinero de los contribuyentes a sus partidarios, administra la justicia desde la imparcialidad, hace la vista gorda mientras funcionarios corruptos y empresarios corruptores se enriquecen a expensas de la ciudadanía, incumple su misión, fallando a sus ciudadanos». Estos males que corroen a las sociedades deben ser erradicados de los gobiernos, si queremos que los ciudadanos tengan un respeto de sus representantes.

Capítulo VII

Corrupción: facilidades y murallas

La corrupción es un problema muy serio, sus raíces se alimentan desde las parcelas del poder económico. El sistema económico que no gana elecciones democráticas se introduce en las instituciones con impunidad con el intento de controlarlas y si llega el caso corromperlas. En los sistemas democráticos de baja intensidad y los de tinte dictatorial o populista, es una forma de gobernar, se compra directamente el favor y se controlan los mecanismos de poder. No hay que poner ejemplos, porque por desgracia abundan en los cinco continentes y se hace innecesario. Es por ello que la democracia tiene que luchar contra sus enemigos porque la batalla de la vida económica en el equilibrio redistributivo de un Estado social de derecho hay que garantizarlo con instituciones independientes, con legislaciones adecuadas para desarrollar políticas de progreso y con una actividad política transparente, además de un compromiso de sus organizaciones de mantener un código de ética.

La Ética en política tiene que presidir la acción de gobierno de todas las instituciones, pero tienen que existir organismos independientes que la controlen, o sea que no puede admitirse que las instituciones de control, como es el caso del Poder judicial, Tribunal de Cuentas, Agencia Tributaria, Organismos reguladores y de control, sean propuestos y nombrados por los que tienen que ser controlados, los políticos. Hay otros métodos para conseguir la independencia y para adecuar puestos de responsabilidad en las instituciones. Nuestro país es un proyecto inacabado, salimos de una dictadura mediante un pacto de Transición, y en esa «*transición*» fueron asumidas tantas imperfecciones del pasado que se debe revisar en profundidad lo que constituyen los fallos históricos de nuestra vida pública.

La Transición se hizo con los mimbres que había, y el cesto constitucional tiene demasiadas filtraciones, y debe ser impermeabilizado. Se precisa una tarea de separación de poderes, esos aires que nos renovaron con las ideas modernas de la democracia y que con tanta claridad nos dejó Montesquieu como testimonio. Nuestro sistema democrático está condicionado por una patología enfermiza en la creciente profesionalización de sus agentes que se dedican a la política, a causa de que no se limitan los mandatos, los partidos no tienen una vida abierta, y su estructura y sus formas de financiación son opacas. Con un sistema económico muy enquistado en un caciquismo local, regional y nacional, que se alimenta de sus fuerzas oligopolísticas y que por un lado atenaza a las instituciones y por otro entran y salen, no solo por las puertas giratorias, sino por todas las puertas falsas que se han dejado sin clausurar en el viejo sistema de una función pública poco renovada y que responde a un mismo modelo en todas las instituciones del país. De esta forma, Ministerios, CCAA, Diputaciones, Ayuntamientos y miles de organismos públicos, son permanentemente asaltados a través de las penumbras de un sistema funcionarial que tiene pendiente su gran reforma y modernización.

Además se agrava, por un presupuesto ineficiente, mal controlado y auditado a destiempo y muy mediatizado, con una carencia absoluta de dar a los ciudadanos esa satisfacción que se espera del gasto público, porque los depredadores de las partidas de gasto o de inversión, ya se encargan, incluso antes de que se apruebe, de tenerlo bien controlado para sus intereses partidistas, función que realizan los lobbistas. Se apropian del presupuesto y, por otro lado, lo critican porque quieren reducir el gasto público, una pinza que deja a los ciudadanos entre dos fuegos. Una sangría que se produce desde tiempo inmemorial y que no ha resuelto la democracia, viviendo rodeados de corruptos y de corruptores.

En los sistemas complejos como son las organizaciones del sector público, hay que tener muy claro las líneas de separación entre lo público y lo privado. Por eso se precisa abordar con profundidad la independencia entre sus instituciones. Nadie puede compatibilizar ningún trabajo privado desde el desempeño de la función pública. No puede haber compatibilidad para ningún caso, puede parecer injusto, pero hay que actuar como en las épocas de las epidemias, hay que impedir la compatibilización con unas normas efectivas y excluyentes. No se entiende que diputados del Congreso tengan compatibilizado el ejercicio de su profesión en actividades profesionales. No se entiende, por muchas explicaciones que se quieran argumentar. Como no se entiende el sistema de excedencias para salir y entrar en el sistema de la función pública. Hay que establecer otros métodos, el RU tiene experiencias, y han conseguido mejores resultados de garantías de funcionamiento.

En nuestro país, a diferencia de otros de nuestro entorno, la carrera funcionarial y la política están íntimamente ligadas. Por ejemplo, es difícil encontrar un país de la UE que cuente con tantos ministros-funcionarios como el gobierno de Rajoy, donde casi todos proceden de los escalafones públicos. THOMPSON (1965), un clásico de la teoría de la organización, denominó esa forma de gobernar como «monocracia», un sistema que genera toda clase de problemas porque concentra el poder en una única fuente de legitimidad.

Las instituciones del Reino Unido abordaron este problema hace dos siglos y establecieron una regla de oro que denominaron el «Public Service Bargain», según el cual los funcionarios británicos no acuden a la carrera política y los políticos renuncian a nombrar, despedir o recolocar a funcionarios, salvo profesores y médicos. Así que cada uno en su función, con buen rollo pero sin doblegarse unos y otros. Existen muchos trabajos de investigación de la Universidad de Oxford y de la London School of Economics, que han estudiado este problema.

Es un acuerdo muy clarificador en la función pública británica que pasó de ser una monocracia a una duocracia donde convive una doble lealtad: la que corresponde al sistema y la que concierne a la reputación profesional para, de esta forma, hacer cumplir las normas con independencia, es decir, con garantía para la ciudadanía. Es el ejercicio de la neutralidad que, con el humor anglosajón, lo pudimos ver y leer en «Sí, ministro», un buen texto publicado por JAY Y LYNN (1985) que fue llevado a la TV británica.

En nuestro país, todavía estamos cesando a funcionarios, como, por ejemplo, ocurre en la AEAT, en la UDEF y en la Fiscalía, y en tantos organismos y con tantas destituciones que se ventilan en detrimento de la función pública para beneficio de los llamados «puestos de libre designación», o sea «de confianza», los cuales se han alargado a escalas interminables. Rechazar un «recurso de reposición» a unas actas de inspección fiscal porque no aportaban nada nuevo y seguir reclamando la deuda tributaria de cientos de millones, es un deber que se ha castigado con un cese. Difundir los informes de los regalos de la trama «Gürtel» se ha pagado con la misma moneda, y así podríamos citar una casuística interminable.

Necesitamos una Administración Pública sin recompensas, sin deber favores, sin vivir la ansiedad funcionarial de los que son de un bando o de los que, siendo del mismo color, tienen lealtades cruzadas, como es el caso que se vive en los territorios autonómicos. Cuando hablamos de transparencia, y se legisla en ese campo, olvidamos, o intencionadamente lo marginamos, que donde pedimos claridad es en todos los actos administrativos. No queremos que bajo un pacto político algo quede sin ver la luz. Tenemos que superar el «Sí, ministro», «sí, presidente» o el «sí, alcalde». Tiene que llegar el día, en donde tengamos una democracia sin truco y una administración pública más profesional, independiente. Las cosas, claras. Nos recortan derechos, partidas presupuestarias y servicios con el pretexto de que no hay recursos. Además impiden que mejore nuestro sistema democrático, algo que no cuesta dinero, pero que no se comprende, porque percibimos que nuestras administraciones públicas son excesivamente mesocráticas, porque en su gestión actúan al dictamen del que manda, obedecen al poder, sea el que sea, viven subordinados.

Llevamos más de treinta años construyendo democracia, es la hora de tirar por la ventana el «sí, bwana». La sociología de la organización requiere avanzar en este terreno de la transparencia y fortalecer la confianza en las instituciones, pero si no abordamos con crudeza y realismo lo que desde siglos no funciona, caminamos sobre la desconfianza. Y a nadie se le oculta que la desconfianza es el mejor caldo de cultivo para que crezca la corrupción. La casuística así lo confirma.

Precisamos de una gestión pública participativa en donde funcionen con independencia los controles, y la eficacia y la eficiencia del sistema sea una garantía que se pueda constatar, porque no se puede dejar que aquellos que nos gobiernan, se arrepientan de sus decisiones con el ya célebre «lo siento, no volverá a ocurrir». No queremos más disculpas, ni más casos que nos abochornen a los ciudadanos, queremos participar, controlar y exigir que nos rindan cuentas. Además, queremos también, valorar los comportamientos, endurecer las sanciones y buscar a los corruptos, grandes y pequeños, que se ocultan y diluyen en sus escenarios del robo presupuestario.

Hay que recordar que con la llegada de la democracia se intentó poner «puertas al campo», adaptando las funciones de muchas instituciones, como por ejemplo el Tribunal de Cuentas, con su estructura de funcionamiento, muy arcaica, para los cometidos de las exigencias de una moderna democracia. El control se ha seguido realizando a destiempo, descoordinado con los demás cuerpos de inspección del Estado, y manteniendo facetas, como la «de enjuiciamiento», que deberían haber pasado a la jurisdicción correspondiente y ser juzgada en los tribunales competentes.

Fusionar la IGAE con el Tribunal de Cuentas y convertirlo en un moderno organismo auditor del sector público que controle al tiempo que se realiza el gasto público, hubiera sido el reto de modernización preciso. Sin embargo, hemos mantenido todas las estructuras del antiguo régimen, los nombramientos los hemos politizado, y los resultados son informes tan alejados de los hechos que la mayoría de las veces cuando se censura, ya no está el político que autorizó o no vigiló adecuada el control de los gastos.

El reto del control es trabajar en su comprobación al ritmo que se ejecuta, para corregir desviaciones, alertar de los peligros, y llevando a los tribunales a los que no respeten las normas, pero a la primera vez que las incumplen, no cuando han acumulado toneladas de problemas, con un seguimiento en los procedimientos. Por ejemplo, los ERES no habrían tomado la dimensión que han tenido, hubiera sido un caso aislado y anecdótico, sin dar lugar al despilfarro de medios y al procedimiento que ha desprestigiado a los protagonistas para toda su vida, a unos, por participar, y a otros por consentir que desregularizando procedimientos se convirtiera en un saqueo lo que en teoría se concibió como una ayuda.

Uno de los males de nuestra administración pública está, precisamente, en buscar esas salidas de puertas falsas a las disposiciones legales. Hay una sombra de corrupción institucionalizada, que se apoya en adulterados servidores de la función pública en connivencia con muy diversas profesiones, que se saltan las normas de ejecución del gasto de una forma irresponsable, y ante esas prácticas continuadas solo sirven dos cosas: una democracia, con más participación, y, por otro lado, mejores organismos de control, que realicen su función con eficacia e independencia.

Traer como referencia el periodo de la Transición es intencionado, porque hay que ser conscientes de que estamos integrados en una Administración del Nuevo Estado democrático, heredero de lo que fue el aparato franquista, y me refiero sin tapujos a los Sindicatos Verticales y a los funcionarios del Movimiento. Ese cambio de funciones, unos la asumieron con lealtad, digamos que una mayoría, pero otros buscaron seguir funcionando al margen por otros circuitos del tráfico de influencias. Un tráfico de influencias distinto, pero que pronto se adaptaron y cambiaban de color según funcionaba la marea de las urnas, lo importante era mantenerse dentro de las estructuras para seguir siendo los «facilitadores» y poder cobrar los peajes por resolver problemas. Es el inicio de un crecimiento de corruptores de antiguo y nuevo cuño, para seguir circulando por las estructuras organizativas consiguiendo sus objetivos y corrompiendo y derribando la incipiente nueva ética.

Desde esa perspectiva muchas veces hemos comprobado que las demandas de políticos para más autonomía era una demanda condicionada. Se mezclaron nuevas aspiraciones de más descentralización con una tendencia del «tardo franquismo» que hemos arrastrado durante toda la Transición, eliminando a la ciudadanía, un actor que sobraba en este escenario de reparto de papeles. El procedimiento fue ir extrayendo a los mejores líderes de las asociaciones e incorporarlos al ejército de nuevos políticos y de sindicalistas. Y los ejemplos, los buenos han sido tapados con los grandes escándalos que han derribado líderes e instituciones. Mientras tanto, los ciudadanos abandonados a su suerte, y solo movidos en los periodos electorales cada cuatro años, se les prometían que el cambio llegaba con el candidato que se presentaba para eliminar al que había estado en la etapa anterior. Nunca se hacía una crítica seria, mirando que los problemas se reproducían por los defectos del sistema que se había diseñado.

Se acude a la regeneración ética, que es necesaria, pero no confiamos en el poder de la ciudadanía para cortar la frustración que supone ver que primero se amnistiaron a los corruptos del franquismo, y sucesivamente, se concedían indultos personales y amnistías fiscales para que todo el que había delinquido, quedara libre de culpa. Con lo cual, lo «robado», antes y ahora, queda santificado por las sucesivas amnistías de Boyer, Solchaga y Montoro, así como los miles de indultos que se han concedido por todos los gobiernos. Es una catástrofe social y democrática, vivir en una situación de amnesia política, enterrando los hechos de los corruptos, como si nada hubiera pasado, en vez de castigarla ejemplarmente para erradicarla.

Los casos que hemos vivido como Juan Guerra, Filesa, Mariano Rubio, Mario Conde, De la Rosa, Roldán, Naseiro, Gürtel, Bárcenas, Pujol, Noos-Urdangarín, Palau, Tragaperras, y un largo etcétera, donde más de dos mil políticos han sido procesados. El desvelamiento de los casos de corrupción ha constituido un proceso muy doloroso por su continuo avatar para la democracia española que no ha tenido respiro y ha derivado en una frustración. Se luchó por restablecer la democracia y sus instituciones, procuramos los demócratas no solo recuperar libertad, sino como requisito, una moralidad en la esfera pública, y con orgullo los socialistas en el año 79 lanzaron su campaña de «cien años de honradez», un mensaje que caló en la ciudadanía dándoles el triunfo en 1982.

En los sistemas democráticos, no hay que dejarlo a las virtudes personales, ese fue un error del PSOE, el deseo de acumular poder y más riqueza, está presente en la historia, el tráfico de influencias es tan viejo como la historia de la humanidad, por eso el error de la democracia fue no potenciar los contra poderes, la libertad de prensa, se manipuló y mediatizó, la independencia del poder judicial se realizó por los políticos, el control parlamentario quedó en manos de los grupos políticos y sus mayorías, las comisiones de control no funcionaron, los organismos de control se convirtieron en comisarios políticos de los gobiernos que los habían nombrado, todo ello con una alternancia en el poder por donde podían circular todos los corruptores sin peligro de ser detectados, salvo los casos que están referenciados, porque el rumrum que se escuchaba, lo podía oír hasta el ciudadano más sordo.

Esa sordera ciudadana ha sido un efecto adormidera porque no quería enterarse, y los ventiladores funcionaron en ambas direcciones, en vez de buscar soluciones. Nos acostumbramos como un mal menor a convivir con esa sensación de que una sociedad que defrauda la cuarta parte de su PIB en economía sumergida, soporta por «comprensión» que el que tiene la oportunidad se enriquezca de forma rápida, se le considera una persona lista, y se le reconozca socialmente como una persona «emprendedora» y además viva con elegancia como un nuevo «gentleman» encubriéndose unos a otros, se reparten los concursos públicos, impunemente, y cuantas obras y contratos puedan, recalificaciones de terrenos, subvenciones, y cuantas partidas estén a su alcance en los presupuestos públicos. Y no contentos con estas actuaciones, algunos que se creyeron más «listos», vaciaron Bancos, como en el caso de Rumasa, Gescartera, Banesto, y cuando se agotó este filón, trasladaron sus redes a las Cajas de Ahorro, arrasando con el ahorro de un pueblo que atónito, no daba crédito a lo que estaba sucediendo en el sistema de ahorros del sueño de su vida.

Y es que tenemos que alertarnos que la corrupción tiene muy diferente forma, que a veces se presenta como fórmulas muy confusas, y de todos los colores, porque existe la corrupción blanca, gris, negra, y todo un arco iris, para permitir el blanqueo de todo lo que pasa por el conducto secreto, siendo convertido en inversiones de estructuras empresariales de muy diferentes sociedades, aspectos que realiza unos profesionales que se dedican a lo que llaman «ingeniaría financiera-fiscal» y que tienen plataformas por todo el planeta para no dejar rastro de sus actividades. Los paraísos fiscales, son los que se benefician de este sistema de corruptos que roban y no pagan, y ni se persiguen la mayoría de sus fechorías, porque son protegidos por la opacidad del sistema, que lo defienden entre todos, para impedir obtener la información de sus expolios.

No es exclusivo de nuestra sociedad, es una reproducción de lo que ha ocurrido en la sociedad francesa, italiana, griega, y de tantos países. La corrupción se desarrolla en un ambiente en donde hay deficiencias en la gestión y además no se valora la desviación o el mal uso de los fondos públicos, porque es parte integrante de la política del despilfarro.

La permisividad del despilfarro, su falta de configuración como delito, y hacer incluso ostentación desde el cargo público que puedes disfrutar sin límites de lo que te rodea, es una patente de corso para el uso y abuso de coches, viajes, invitaciones, edificios utilizados como viviendas, pago de alquileres, utilización de aviones de las fuerzas armadas para desplazamientos que no son oficiales, así como muchas de las reformas de despachos oficiales, que no tienen ningún sentido, salvo el capricho del nuevo que llega para diferenciarse de su antecesor. Es como dice VEBLEN (2008), el consumo ostentoso que históricamente se atribuía a «la clase ociosa» y que ahora lo practican con profusión algunos políticos. De estos peligros ya nos alertaba D'ARCAIS (2013), porque el clientelismo utiliza los bienes del Estado para sus relaciones con amigos o la militancia de sus partidarios. Son fronteras no siempre perceptibles, pero moralmente reprobables y sancionables.

No es posible tantas anomalías en los comportamientos sin una complicidad con la sociedad civil, desde el poder se adoptan medidas que transfieren beneficios ocultos y que muchas veces son compartidos sus resultados. Este tráfico de influencias, no es en una dirección exclusiva para conseguir el favor o la información privilegiada, que también, sino que desde los contratos de obras, hasta las recalificaciones, licencias, subastas, subvenciones, convenios, las ITV son un ejemplo, juegos de azar, todo ello dentro de ese ámbito que opera gracias al intervencionismo del Estado y su falta de transparencia.

Mención aparte son la práctica de comisiones fraudulentas cobradas por intermediarios para financiar a los partidos, cantidades que como hemos visto en los casos descubiertos, no llegaban a su destino en su totalidad. Los escándalos de la Gürtel, Bárcenas, Pujol, etc. son la imagen reciente de una corrupción sangrante, y que nos recuerda las páginas más oscuras de la política. Una política altiva, donde es difícil conocer el número de gente que vive de ese entramado, por su falta de transparencia, pero algunos autores que han estudiado la ocupación en el sector de la actividad política, la cifran en un millón de personas. Que un millón de personas, que es un pequeño porcentaje sea capaz de aniquilar la imagen de la democracia, quiere decir que algo no funciona bien en la democracia interna de los partidos políticos, porque el bochorno que se vive, aguantando al grupo organizado de corruptos, es para que los partidos firmaran de una vez, una regeneración total, y se denunciara en bloque una situación que se ha hecho irrespirable.

En 2013, la Comisión Europea elaboró un Informe sobre «*La corrupción: detección y reducción en la contratación pública*», en dicho informe se establecen medidas para luchar contra esta lacra que supone un perjuicio grave para la economía y la sociedad en su conjunto. Porque el desarrollo de Europa está limitado más por la corrupción, que por falta de medios, además de socavar la democracia en donde supera los límites soportables. Impide desarrollar una buena gobernanza, y mina la confianza de los ciudadanos en sus instituciones. Sin olvidar que es un fenómeno complejo, social, económico, político y cultural, por lo cual hay que luchar con todos los medios.

La crisis financiera ha ejercido una presión adicional sobre los ciudadanos por las medidas que han impuestos sus gobiernos, y esas medidas impuestas, los ciudadanos se preguntan por qué no se ha ejercido la misma dureza en perseguir a corruptos y corruptores, porque el cálculo realizado desde la Comisión Europea sobre el volumen de la corrupción en la UE asciende a 120.000 millones de € al año, casi el mismo importe del presupuesto de la UE.

La estrategia de crecimiento para Europa, lo que se conoce «Europa 2020» debe desarrollar una economía inteligente, sostenible e integradora que contribuya a generar empleo, productividad y cohesión social, pero todo ello se soporta en una buena gobernanza, un Estado de Derecho y el control de la corrupción. Luchar contra la corrupción contribuye a la competitividad de toda la UE, y de manera más general, mejora la eficiencia de su Administración pública. Ese renacimiento industrial europeo es un reto fundamental del proyecto económico. Pero ese reto precisa de un funcionario público que luche contra el fraude que afecta a todos los sectores de la sociedad. Se precisa que se aborde por la Comisión una reforma, para una tipificación como delito de los actos de corrupción cometidos por los cargos electos, y se precisa una armonización clara de la responsabilidad penal de los representantes electos por los delitos de corrupción.

Una de las cuestiones generales de fondo que se sabe, por experiencia, es la corrupción de la financiación de los partidos políticos en toda la UE. Los recientes casos que se han ido descubriendo lo ponen de manifiesto, pero es más grave, se ha detectado la compra de votos en algunos Estados miembros. Las evaluaciones del GRECO sobre esta situación han tenido un impacto y se ha iniciado un impulso de reforma de legislaciones en este ámbito. Los vacíos que el grupo GRECO está encontrando deben de solucionarse. De la misma manera, se precisa que la calidad de la transposición de la Directiva marco 2003/568/JAI relativa a la lucha contra la corrupción en el sector privado es desigual. Existen muchas diferencias en la transposición de las responsabilidades penales de lo que son los elementos de la corrupción pasiva y activa, así como la responsabilidad de las personas jurídicas. Y de igual modo el cumplimiento de la normativa es escaso. No se entiende esa laxitud en el cumplimiento de estas normas, con las rigideces impuestas a los países rescatados o semi-intervenidos del Sur. Se precisa con urgencia un cambio.

La Universidad de Gotemburgo, Suecia, ha elaborado un informe realizado por el Instituto de Calidad Gubernamental en la EU, donde pone de relieve que la corrupción tiene un elevado nivel en los gobiernos locales y regionales, porque los controles y las auditorías internas son más débiles o ausentes. Y se señalan como sectores más vulnerables los desarrollos urbanísticos y la construcción, así como la planificación medioambiental. Las prácticas de licitaciones fraudulentas, los sobornos, los conflictos de intereses, las negligencias dolosas, son malas prácticas que unos consienten y que los corruptores conocen a la perfección para lograr esas relaciones entre el poder económico y los niveles políticos para adjudicar contratos públicos.

Es cierto que la crisis económica, unida a un cambio que se percibe en la opinión pública y al impactos de las instituciones encargadas del control, permitirá la generación de unas políticas más sólidas y surgirán más oportunidades para iniciar un nuevo ciclo de transparencia en la vida pública, cosa que los ciudadanos demandan insistentemente como uno de los principales problemas que tenemos que solucionar.

Capítulo VIII

La auditoría, una oportunidad para la transparencia o una trampa para no salir de la opacidad

8.1. UNA CUESTIÓN DE ESTADO

La rendición de cuentas es una cuestión de Estado, así lo confirman los acontecimientos históricos, allí donde las autoridades querían poner de manifiesto públicamente su autoridad, se pedían cuentas públicamente a los gestores. Una de las más conocida por su forma altanera, y que ha calado en el sentir popular, es la que Gonzalo de Córdoba rindió ante el Rey Fernando, monarca contrariado, porque decía a quien le quería escuchar que «de poco sirve a la Corona tener muchos reinos si éstos eran repartidos antes de serles entregados», algo que nos suena a los ciudadanos del siglo XXI.

El Gran Capitán rindió cuentas y en su conclusión de la última partida la describía del siguiente modo: «*Cien millones, por mi paciencia en escuchar, ayer, que el Rey pidiera cuentas al que le ha regalado un Reino*». Así consta en el Archivo de Simancas. Un mal principio que ha sembrado una semilla de perversión. Han sido siglos perpetrando esta insolente postura de los triunfadores, de los gobernantes, de los políticos, a rendir cuentas. Quiénes son los ciudadanos, o los impositores de Cajas de Ahorro, o los accionistas minoritarios, o incluso los trabajadores, los clientes, los proveedores, quiénes son ellos para pedir cuentas a quien acumula los éxitos, y engorda las cuentas de resultados, unas veces real y otras muchas con ficticias operaciones. La altanería del Gran Capitán, ha calado profundamente en una tierra en donde el caciquismo fructifica sin que lo tengan que abonar.

Ese caciquismo de la conquista nos lo relata muy gráficamente otro demandante de justicia, Fray Toribio de Montolinía, que en 1555 pedía desde México en carta a Carlos I que: «*Mande a los letrados del Consejo y de las Universidades, si los conquistadores, encomenderos y mercaderes de esta Nueva España, están en estado de recibir sacramento de la penitencia y los otros sacramentos sin hacer instrumento público por escritura y dar caución jurada: porque afirma el de Las Casas que, sin éstas y otras diligencias, no pueden ser absueltos; y a los confesores pone tantos escrúpulos, que no falta sino ponerlos en el infierno*».

A los historiadores no les extraña que el Rey-Emperador, después de las 95 tesis de Wittenberg, del Saco de Roma, de la batalla de Mühlberg y de las consultas de Fray Toribio, unido a su atormentado carácter, abdicara a sus cincuenta y seis años y se retirase al Monasterio de Yuste, ¡aterrado!

Él se fue aterrado, y a los ciudadanos nos pasa algo parecido, porque si cambiamos de siglo, de batallas, de saqueos, de robos y apropiaciones de lo público, estamos en la misma situación de buscar a quien dirigir nuestras súplicas para que se ponga blanco sobre negro, el desgobierno de lo público, como muy bien lo describe el profesor Nieto (2012).

Un Quevedo amenazado nos dejó unos magníficos tercetos que empiezan:

No he de callar, por más que con el dedo,

ya tocando la boca, o ya la frente,

silencio avises, o amenaces miedo.

¿No ha de haber un espíritu valiente?

¿Siempre se ha de sentir lo que se dice?

¿Nunca se ha de decir lo que se siente?

El pueblo ha cantado siempre sus miserias, sus padecimientos, sus «quejidos», su dolor, su explotación, y ahora su expolio, su ruina, y sus embargos. Es la historia negra de una economía envenenada por la avaricia. La historia moderna se escribe sobre los intentos de dominar ese «monstruo» que como un fantasma recorre la economía del planeta. Por eso iniciamos este capítulo afirmando que «la rendición de cuentas es una cuestión de Estado», y los teóricos de la economía moderna así lo han puesto de manifiesto en sus amplias explicaciones de cómo el sistema económico debe funcionar, desde Adam Smith, a Keynes, y los recientes Nobel de la Economía Stizlitg y Krugman, y tantos profesionales que han levantado su voz, para dejar constancia que el sistema económico sin transparencia y control, es un sistema que lo devoran sus propias imperfecciones.

Muchas veces huimos de explicar con claridad las repercusiones del deterioro de la confianza, sin darnos cuenta que esa falta de información de las conductas, son las que nos conducen a la perversión del sistema. Porque el hecho de mantener la opacidad en la economía, distorsiona su equilibrio gravemente, en cualquier sector que profundicemos, sea el público como en el privado, y mucho más si nos trasladamos al consumo y a los servicios. La opacidad tiene un coste que se llega a duplicar, por un lado en la compra de factores y por otro, en su falta de contribución al sistema, trasladando la presión fiscal a los ciudadanos cumplidores de sus obligaciones. La opacidad es por todo ello un problema de Estado, y atajarla, luchar contra los que la intentan mantener, es tan importante porque es un pilar para garantizar el bienestar de todos los ciudadanos.

Poner medios eficaces que eliminen la opacidad del sistema no es incurrir en un fundamentalismo de persecución de los corruptos y opacos, sino una obligación que las instituciones del Estado tienen que realizar para combatir las practicas impropias y opacas, y que en ese trabajo, las empresas colaboren con códigos de ética, para que en sus relaciones con terceros cada vez sea más difícil realizar negocios con quien se sitúa al margen de las normas. No puede haber ningún espacio de juego para los que no cumplen, no pagan sus impuestos y además evaden sus capitales a los paraísos fiscales. Se hace preciso que se compruebe que los representantes políticos defienden los intereses de los ciudadanos y que éstos no resulten perjudicados por las conductas contrarias a las leyes o las reglas del mercado.

En las cuestiones de Estado no hay tratamientos rápidos, pero precisamente porque los cambios no se pueden producir con la rapidez deseada, sí deben hacerse en la dirección correcta, y la única que tiene garantías de éxito es comprometer a todas las instituciones en esa batalla por la transparencia, donde sector a sector, y el público en especial, con la incorporación de todas las empresas, instituciones sociales, culturales, y de las muy diferentes creencias, jueguen todas un papel activo contra la opacidad y la economía sumergida. Un compromiso que tiene que ser apoyado desde las instituciones de control, realizando su trabajo con independencia, una independencia absoluta, y no como ahora, que o son apéndices mejor o peor disimulados del gobierno o de los políticos que los nombran, o nombrados y pagados, por quienes tienen que ser controlados.

Hablamos de independencia, por lo que tiene que haber incompatibilidades, también absoluta, no se puede compatibilizar el ejercicio del control con ninguna otra actividad. Parece elemental, pero hay tantos casos, que el lector puede imaginarse, que constituyen una cadena de fracasos que nos han ido arruinando y cuando menos abochornado. Junto con la independencia, hay que buscar a personas de probada competencia, que sean capaces de instruir los expedientes más complicados y controlar los flujos de las relaciones más confusas. Instituciones de gobierno, organismos territoriales, locales, empresas públicas y privadas, sector social deben ser sometidas a un control independiente. Los ciudadanos pagamos religiosamente, contribuimos con generosidad, pero queremos que un control independiente nos diga «cuánto es bastante», sea capaz de eliminar las duplicidades en la gestión, la eficiencia sea un objetivo presente en las decisiones y la vida de las administraciones, los criterios de economía y eficacia estén presentes en todos los actos de la vida pública. Una factura de los gastos públicos que precisamos, priorizados por los ciudadanos, es lo que estamos deseando controlar y pagar, porque estamos seguros que tendremos mejores servicios e inversiones a menor coste, con lo cual habremos conseguido más por menos.

Para ello, hay que empezar porque toda norma legal, todo decreto, toda ordenanza municipal, tenga en su redactado una memoria en la que se explique con todo detalle a quienes afecta, quien paga, a quienes beneficia, a quienes puede perjudicar o gravar más, y los medios que se van a aplicar para su control, así como la participación ciudadana en el seguimiento de su cumplimiento. Una información del coste-beneficio, y las conexiones de la norma con las que estén en vigor o con las que se deroguen. Algo de coherencia y que tenga visos de ser eficaz en el corto plazo, porque se pueden hacer las cosas mejor, transformar una administración burocratizada, anquilosada en el pasado, influenciada por los lobbies funcionariales, económicos y sociales, y precisamos romper lo que desde siglos, como hemos dejado referencia, no hemos sido capaces de reformar.

Nunca debemos darnos por derrotados, ni pensar que no se puede cambiar, porque esta sociedad ha creado su propio monstruo y lo alimenta bien, por eso nos devora con fuerza, y para esta batalla precisamos fortalecernos en la lucha y dominarlo, enterrando al monstruo para siempre. Y nunca caer en la tentación de la retirada al refugio de un «Yuste» como hizo el Rey-Emperador. El ciudadano tiene que empoderarse, con energías de acción, no permitir que la osadía de los corruptos sigan asolando a la sociedad, porque el proyecto de una nueva sociedad es de los ciudadanos que apoyamos el cambio, y por eso para aportar herramientas para ese cambio empecemos por el principio: *¿Para qué sirve la contabilidad?*

8.2. ¿PARA QUÉ SIRVE LA CONTABILIDAD?

Los centros de producción y los de servicios sociales e incluso los intangibles constituyen fuentes de riqueza económica en sí mismos, y es por ello que conviene tener muy presente que además de este efecto económico directo también se desempeñan dos funciones Por un lado, la formación de capital humano que influye sobre la capacidad productiva y la competitividad económica de su entorno, con repercusiones en la comunidad local y regional en la que se encuentran, si bien en una sociedad globalizada como la actual, los efectos y las sinergias pueden ser mucho más amplios, y por otro lado, desde dichos centros se impulsa al sistema económico y su actividad. El que ésta sea transparente y responda a una imagen fiel y real de dichos centros de actividad económica, nos dará como resultado un sistema seguro, lo que vulgarmente se conoce como «sin trampa ni cartón» o como dirían los anglosajones «no tricks». Esa búsqueda de la imagen fiel del sistema económico, se ha convertido para los ciudadanos como la búsqueda del «Santo Grial» y como intentaré exponer no tenemos que realizar cruzadas imaginarias, sino aplicar la coherencia, eliminar las malas influencias y tener la voluntad de profesar la verdad sin disfrazarla en ningún momento de la vida, es el mensaje de que «la verdad nos hará libres».

El profesor LIZCANO (2015) nos señala un objetivo fundamental: la elaboración de una radiografía en clave económica, esto es, el conocimiento de los costes de cada organización a muy distintos niveles de apreciación. En este sentido, se deben divulgar distintos objetivos específicos, por un lado, aquellos que generen un mínimo nivel de transparencia porque se gastan significativas sumas de dinero que son sufragadas por los ciudadanos, y por otro lado, lo que se conoce por los stakeholders, deben tener una mayor presencia en el propio sistema, como hemos comentado, tanto en lo público como en el sector privado.

Por otra parte, de cara a llegar a conocer con un cierto detalle la forma en que se gasta, nos dice LIZCANO (2015) y donde se destinan los recursos económicos, el modelo ha de posibilitar el conocimiento de los costes de los distintos niveles así como otros costes a nivel general y común. No vamos a analizar aquí éste tan abultado como disperso conglomerado, ya que ello conllevaría más explicaciones especializadas, que no es el caso, pero dejar constancia que la contabilidad ha de proporcionar otra prestación fundamental, como es la medición de la eficiencia –en el sentido más amplio de la palabra– con la que se desarrollan los diferentes servicios y actividades. Existen numerosas formas, conceptos, atributos y niveles para medir la eficiencia dentro del mundo económico tanto público como privado.

En resumen, todos estos aspectos e indicadores, adecuadamente integrados en un sistema de contabilidad de gestión, pueden permitir junto al mencionado sistema de cálculo de costes, llegar a disponer de una imagen bastante adecuada, detallada y fiable de la situación y desempeño en las distintas actuaciones y servicios lo cual puede significar una aportación para la mejora del progreso y enriquecimiento intelectual y tecnológico de nuestra sociedad.

Para poder impulsar el derecho social a saber, decidir y controlar, los ciudadanos tienen que tener el derecho a estar informados, se hace cada vez más necesaria la existencia de un sistema político, jurídico y económico realmente transparente, es decir, que los ciudadanos reciban, y tengan acceso, a una información rápida y detallada de todo lo que ocurre y se decide en las distintas instituciones públicas pertenecientes a los tres poderes que vertebran la sociedad: legislativo, ejecutivo y judicial, así como en las entidades privadas (empresas e instituciones no lucrativas) y en todo aquello que esté relacionado con el interés público.

La transparencia de las empresas, nos sigue diciendo Lizcano (2015), debe tener un mayor grado de información y además de presentar las Cuentas anuales en el Registro Mercantil, debe exigirse que en las memorias se detallen otros muchos aspectos sociales, medioambientales, que cumpla con el objetivo de responsabilidad social. Recordamos que en la Global Reporting Initiative (GRI) «la transparencia en la elaboración de Memorias constituye un ejercicio de responsabilidad empresarial, ya que supone la explicación clara y abierta de las propias acciones a aquellos que tienen derecho a preguntar o motivos para hacerlo». Y en ese mismo sentido la Unión Europea considera la Responsabilidad Social Corporativa (RSC) como una contribución empresarial al desarrollo sostenible y equilibrado para todos aquellos que interactúan con la empresa (stakeholders): accionistas, empleados, comunidad financiera, proveedores, clientes, y la sociedad en general.

Sin olvidar que es muy importante para la lucha contra la corrupción la educación tributaria y de responsabilidad social de los ciudadanos, que constituya una verdadera mentalización de la sociedad, tanto a nivel individual como a nivel colectivo, de forma que la corrupción se vea como algo absolutamente ilegítimo, insolidario, y tipificado en el código penal, y que contribuya a que los ciudadanos sientan un claro rechazo ante cualquier tipo de corrupción.

La corrupción, en definitiva, es un problema social en este mundo globalizado, y por tanto necesita de soluciones intergubernamentales, los políticos y gobernantes de cada país, apoyados por la sociedad civil, tienen que optar de forma clara, contundente y coordinada a nivel internacional, por combatir este importante problema y lastre económico y social. Se precisa un pacto entre la sociedad civil y los partidos políticos, un renovado acuerdo anticorrupción donde tengan encaje una nueva concepción de persecución, con una policía fiscal independiente, en una AEAT independiente, y con un poder judicial sin los condicionantes que ahora padece. La ciudadanía está esperando con ansiedad ese cambio de orientación, porque no entiende que se conozca dónde están los problemas y no se ataquen de raíz. Es un espectáculo esperpéntico contemplar como los políticos se denuncian unos a otros, aireando sus muchas corruptelas, y no asuman el cansancio y la desafectación que supone esta situación.

Las instituciones que tienen la obligación constitucional de controlar los ejes del estado de bienestar en nuestro sistema son los partidos políticos, que están en un proceso inacabado de adaptación por la oscura etapa del clientelismo político. No termina de asumirse una responsabilidad para una «renovación» que democratice las estructuras, y son precisamente los movimientos ciudadanos los que más están impulsando ese cambio. Un cambio que deben de asumir cuanto antes las instituciones que detentan la representación política dentro del sistema. Pero para alcanzar esa «renovación» hay que ser más transparentes y erradicar la corrupción de todos los entornos del poder y de las instituciones y ser muy exigentes con los que tienen responsabilidades dentro de las organizaciones políticas. La sociedad lo demanda, el ojo del ciudadano está cada día más vigilante, y es de desear, que esa presión se ejerza día a día, para que la sociedad reconozca en sus líderes los valores que desea.

Haciendo referencia al contexto social de la corrupción en nuestro país, LIZCANO (2015) nos dice que cabe señalar que el fenómeno de la corrupción no está en España, hasta ahora, suficientemente afrontado ni sancionado por parte de los ciudadanos, como así lo muestran diversos resultados electorales, en los que los políticos imputados por casos de corrupción han salido ilesos y mayoritariamente reelegidos por parte de los votantes, tendencia que las encuestas publicadas para las elecciones municipales de 2015 parece que tienden a cambiar, en especial por la aparición en el proceso de nuevas formaciones políticas como Podemos y Ciudadanos. Si tenemos en cuenta la definición de corrupción como «utilización de un cargo público en beneficio propio», es una de las reivindicaciones que las nuevas formaciones están argumentando en una definición muy bien comprendida desde la sociología popular «la casta», término que ha aglutinado a todo lo que tradicionalmente se ha enquistado como garrapata del sistema político viviendo a su costa. Esa casta nos incrementa los costes de los servicios públicos, de los costes de las contratas y de las obras públicas, y ese sobre precio, es mucho mayor que los recortes sociales que se han realizado. La indignación está aflorando por todas las esquinas, y el movimiento de votos, es una incógnita que se despejara en los periodos electorales sucesivos.

Más escandalosos son los mega-proyectos que encubren un ansia de hacer grandes operaciones, siempre ligadas con la construcción, el turismo o las comunicaciones, y que no se justifican con los suficientes estudios de costes-beneficio, y que se tendrá que revisar en el futuro, como parte de una deuda rechazable, que se ha impuesto al erario público sin las garantías que debe soportar un proyecto público. Son demasiadas denuncias, irregularidades, abusos contra el medioambiente o vulnerando todas las normas que impiden ocupar espacios que son públicos, olvidando, o quizás, impidiendo, que se defienda lo público, para ese negocio privado que entre unos pocos han organizado para enriquecerse de una forma rápida. Es la más vulgar de las rapiñas realizada por quien no debería representarnos.

Ese agujero negro de la corrupción que genera ingentes cantidades de dinero opaco que circula por los conductos sumergidos, no tributa y agrava la situación de desequilibrio presupuestario reduciendo la capacidad de ingresos. Estamos observando, como ha puesto de manifiesto el New York Times, que la ocultación de depósitos en la banca de paraísos fiscales y en especial en Suiza, comprende un largo listado en el que figuran 569 apellidos de familias ilustres, empresarios y políticos, además de la lista de los más de 700 contribuyentes investigados de la reciente amnistía fiscal del ministro Montoro, investigados por presunto blanqueo de capitales de los más de 32.000 que se acogieron a la beneficiosa medida de aflorar pagando un 3% que es menos recargo que el IVA de una barra de pan. Esa bandera de la nueva piratería tiene que acabar. Porque la corrupción, por otra parte, impide la libre competencia y las reglas del juego democrático, generando importantes ineficiencias y costes económicos, de confianza, etc., y reduce ostensiblemente además, la efectividad y calidad de las políticas económicas.

Numerosos estudios a nivel internacional vienen cuantificando los costes globales de la corrupción de muy distinta forma, unas veces son de las comisiones ilegales y sobornos que se pagan en los diferentes sectores (armamento, petróleo, construcción, etc.) del comercio mundial, si valoráramos bien los activos robados por los corruptos en los distintos países, y sus muchas y variadas formas de corromper, las estimaciones alcanzan en todo caso cifras de muchos miles de millones de euros al año, y que sólo para la EU se estima en una cuantía equivalente al presupuesto de la Unión.

Y es que en el mundo se pagan demasiados sobornos; según el último Barómetro Global de la Corrupción, elaborado por Transparencia Internacional, uno de cada cuatro ciudadanos ha pagado sobornos en el último año, aumentando esta proporción al cincuenta por ciento en los países del África subsahariana, y disminuyendo en los países más desarrollados (América del Norte y Europa) al 5%, cifra que es a todas comparaciones preocupante.

De cualquier forma, afirma Lizcano (2015) los costes más importantes de la corrupción quizá sean justamente los que no se ven, esto es, los costes de oportunidad, o en definitiva, lo que se deja de ganar por la existencia de la corrupción. Cada vez más, la corrupción ahuyenta a los potenciales inversores, en primer lugar, por razones éticas, ya que hay un creciente número de fondos de inversión y empresas con planteamientos o códigos éticos, que eluden cualquier vestigio o riesgo de corrupción; y también por razones pragmáticas, ya que en los países y entornos corruptos siempre existe el riesgo de futuros problemas legales o judiciales, o incluso políticos que pueden perjudicar arbitrariamente, limitar o incluso expropiar o hacer perder tales inversiones (algunos estudios indican que en los países corruptos hay una alta probabilidad de perder la inversión en un plazo de cinco años).

Un panorama como el que nos describen los organismos internacionales sobre los costes y efectos económicos de la corrupción son demasiado importantes para que la comunidad internacional (países, organismos nacionales e internacionales, sociedad civil, etc.) nos mantengamos de brazos cruzados ante esta lacra social, alarmante y demasiado consentida, que lamentablemente impregna a tantas instituciones, empresas y colectivos de todos los países. Vivimos en un momento de grandes desigualdades, y se precisan de más recursos para cubrir los servicios sanitarios, sociales, educativos, de infraestructuras y tantos otros con muchas carencias, al tiempo que hay que afrontar un plan de reindustrialización e investigación empresarial y ese esfuerzo solo se puede conseguir si somos capaces de desarrollar un cambio. Un cambio que elimine barreras, ineficiencias y, sobre todo, corrupción y fraude. Por los datos conocidos, con los recursos ocultos podríamos financiar inversiones, servicios públicos y un excelente capital humano. Y para eso sirve la contabilidad. Es una tarea de todos, un pacto de futuro en el que todas las instituciones y colectivos tienen algo que aportar.

8.3. LA AUDITORÍA

La auditoría se origina como una necesidad social que exige el desarrollo económico, la complejidad de las empresas, sus conglomerados societarios y la globalización de la economía, con un efecto dominante de las empresas sobredimensionadas que constituyen con su poder económico una fuerza superior a los propios Estados. En ese mundo, el pequeño inversor, el ciudadano, se siente desplazado o microscópicamente implicado, porque en la gestión de los órganos empresariales donde se decide, se realiza con unos dictámenes que cuando lo hemos visto en la gran pantalla visualizando ciertas escenas, nos han dado escalofríos.

Surge la auditoría, como ahora la conocemos, después de los convulsos años de la Gran Depresión, para encontrar ese grado de fiabilidad del sistema, y es esa fiabilidad, palabra de gran contenido, que ha quedado enmarcada en los requisitos de funcionamiento. Lo que ocurre que con el tiempo, o mejor, el deseo ha superado lo que el ciudadano entiende por «fiable» siendo más el deseo que la realidad.

La ley de Auditoría (artículo 4.1) dice que, "la auditoría de cuentas anuales, consistirá en verificar dichas cuentas a efectos de dictaminar si expresan la imagen fiel del patrimonio, de la situación financiera y de los resultados de la entidad auditada, de acuerdo con el marco normativo de información financiera que resulte de aplicación. Asimismo, comprenderá la verificación del informe de gestión que, en su caso, acompañe a las cuentas anuales. El ICAC insiste, en sus normas a los auditores, que el objetivo de la auditoría de cuentas "es poner de manifiesto la imagen fiel del patrimonio", y el REA, insiste en decir que la auditoría es la expresión de una opinión sobre los estados financieros de una entidad.

Como podemos observar en todas las definiciones hay una idea común que podríamos resumir en:

1. La opinión que se exige es de un profesional independiente y cualificado. No deben existir intereses que menoscaben su objetividad.
2. Se utilizan técnicas de revisión con unos programas adecuados que deben revisarse.
3. Se realiza «un examen» para expresar si la empresa en sus cuentas ha configurado adecuadamente su «imagen fiel» y su «situación financiera». Existe un mandato de realizar los controles internos, revisar directrices, normas de funcionamiento, protección de activos, comprobación de errores y políticas de producción, así como medidas para impedir el fraude en todos los sentidos.
4. Debe haber conformidad con los principios y normas de contabilidad, los cuales se recogen en el Código de Comercio, la Ley de Sociedades Anónimas, el PGC y las propias normas del ICAC, y cuando no existe referencia se acudirá a las normas internacionales de contabilidad (NIC).
5. Todo este trabajo, y aquí estimo que se encuentra la esencia del objeto del mandato, su trascendencia, es «la emisión del informe de la opinión del auditor, tiene efectos frente a terceros».

Todas estas consideraciones se pueden resumir en lo que dice el PGC, en caso de conflicto entre los principios contables, deberá prevalecer lo que nos conduzca a la «imagen fiel».

En los mandatos de las normas que rigen, hay permanentemente un objetivo central: *la imagen fiel.* Ese concepto de «la» imagen fiel, ha sido muy debatido, y algunos defendieron el concepto de «una imagen fiel», dando la impresión que según el método, podría haber «varias» imágenes fieles de una misma empresa. Este debate se resolvió con el mantenimiento lógico, de «la imagen fiel» de la empresa, porque sólo puede haber una imagen fiel, en otro caso distorsionaríamos tanto la realidad, que impediría ese principio esencial que se persigue: la fiabilidad ante tercero del patrimonio auditado.

No es un asunto baladí, porque desde ese concepto hay que perseguir que cualquier alteración en las cuentas, debe resaltarse para señalar si daña la imagen fiel. Una visión que trasciende a todo el trabajo, porque existen dos cuestiones que se hacen necesarias para realizar el trabajo según las normas, que el auditor tiene que ser un profesional independiente y cualificado, y además, no puede tener intereses que menoscaben su objetividad.

Aquí entramos en el problema más complicado, porque tendremos que preguntarnos ¿Cuándo se pierde la independencia y cuando perdemos la objetividad? En este mundo de relaciones en donde el trabajo del auditor es libre, y su nombramiento depende de quien lo contrata, parece que es un procedimiento que debe cambiarse. No es posible ser plenamente independiente y cobrar una minuta por los trabajos realizados. Es una de las debilidades del sistema que se ha querido solucionar con las auditorías compartidas (coauditorías), rotación cada periodo de tiempo de los auditores, otras veces rotando a los socios de una misma firma de auditoría, todo ello son combinaciones para seguir manteniendo que el que contrata, paga, y recibe el trabajo auditado. No parece que esto tenga en el futuro mucha defensa, los destinatarios de los informes, que son los stakeholders en el más amplio sentido de la palabra, precisan reforzar esa independencia, y como botón de muestra tenemos los muchos informes complementarios que muchas veces piden los bancos acreedores, porque no consideran la auditoría que contenga la «imagen fiel» y las discrepancias que se mantienen con las administraciones públicas, especial la AEAT, con informes auditados. Y es que cada uno busca desesperadamente esa imagen fiel, que la empresa no ha sabido o no ha querido trasladar al formular sus cuentas anuales y los resultados son diferentes según se persigan unos u otros objetivos. Todos desean, desde fuera de la empresa, los destinatarios de los informes, los terceros, que la independencia se refuerce, ¿pero cómo?

La pregunta clave es ¿quién nombra al auditor? Un comité del Consejo, una Comisión, el registro Mercantil, que ya lo hace en casos excepcionales, los colegios profesionales. Hay que buscar soluciones, y soluciones que sean sencillas y que no compliquen la gestión. Según el profesor ARROYO (2010), a los auditores los contrata «la empresa», pero quien ejerce esa función de contratación son los «administradores», que son los que han formulado sus propias cuentas, cuentas que son «propias de por hecho», y porque no existe un sistema dual en la administración de las empresas, como existe en Alemania o en Francia, donde se reparten las funciones y competencias entre el Consejo y el órgano de vigilancia, o en el caso italiano, que se encomienda el control de legalidad a un colegio sindical, en España se concentra todo el poder en los «administradores» y que son el reflejo directo de la mayoría que controla y aprueba las cuentas en la Junta de accionistas.

¿Podríamos concebir un sistema judicial en donde el reo pagara directamente a su juez? Solo hacer la pregunta nos recuerda la mafia del Chicago de los años treinta. Pues con todo el respeto, el sistema actual es bochornoso, y más todavía, cuando sabemos por las informaciones del ICAC, que el mercado de la auditoría está dominado por cuatro grandes firmas que se reparten el trabajo de las grandes compañías. Pero no es solamente que se funciona con un oligopolio, sino que se controla a los profesionales que pertenecen a sus plantillas, ejercen una excesiva influencia (lobby) sobre los profesionales y de control, y las puertas giratorias funcionan en esta profesión a tal ritmo de entradas y salidas, que no se puede imaginar el lector los niveles de relación e influencia.

Ante esta situación el ciudadano tiene que preguntarse ¿qué hacer para que el control de la imagen fiel esté en manos de expertos verdaderamente imparciales, independientes y competentes? Las respuestas a estas inquietudes, que se han realizado por todo el planeta, son muy diferentes, los planteamientos van desde los que han ligado el trabajo del auditor con unos aranceles, los que han establecido registros oficiales para que un funcionario nombre, los que han limitad los mandatos, rotación de los auditores desde muy fluida hasta más pausada, prohibiciones e incompatibilidad con actividades y profesiones, las más concurrentes son las de abogacía y asesoramiento fiscal, y una variedad de iniciativas. Sin embargo no se han puesto en práctica procedimientos sencillos, utilizando a las minorías existentes en todas las sociedades, a las instituciones independientes de la sociedad civil, en el caso de no ser empresas de capital, para que sustituyan a esas minorías o externos, los que propongan una terna para nombramiento de auditor a los órganos competentes.

O sea que aquellos que perteneciendo a la empresa, pero no a sus órganos de gestión, o los que pertenecen por relación a una organización, si es del sector social no empresarial, sean los proponentes de las ternas de nombramiento, pudiendo rechazar hasta tres veces, y al último rechazo, nombra el órgano competente del depósito de cuentas un profesional de la última terna. Hacemos especial interés en esta propuesta, porque avanzaríamos en un modelo con una figura de control de un profesional independiente que propone la minoría, figura que se tiene poco en consideración en el sistema, no solo económico, sino en el político y social. Parece que el que tiene mayoría económica, política o social, es el que tiene que dominar, y es un concepto de poder exagerado, el que tiene la mayoría tiene que gestionar, pero tiene que rendir cuentas, y nada más equilibrado que en esa rendición de cuentas, que los proponentes para actuar como independientes la realicen los minoritarios, sean los accionistas, los socios, los afiliados, o los ciudadanos desde sus instituciones de la sociedad civil. La concentración de poder solo nos ha traído la ruina social, sin embargo la rendición de cuentas es un buen ejercicio para empezar en una nueva dirección: una nueva imagen fiel de la empresa, que incrementará el buen gobierno, la transparencia y revitalizaremos la ética con una valoración de todo lo que nos rodea.

8.4. EL CONTROL Y EL SEGUIMIENTO POR LAS OFICINAS PRESUPUESTARIAS

Las instituciones públicas tienen el deber de garantizar al ciudadano el buen uso de su dinero y, para cumplir esta misión, deben cumplir dos objetivos fundamentales. Por un lado, luchar lo más eficazmente posible contra el fraude en todos los ámbitos de su administración, porque es difícil con los controles contables y financieros, llevarse dinero físico de la caja de una administración pública, pero estamos viviendo tiempos de turbulencias, en donde los responsables políticos con poder en el municipio pueden estar implicados en lo que generalmente se califica como tráfico de influencias para hacer un negocio determinado.

En segundo lugar, transparencia y publicidad de cuantas normas beneficien a cualquier colectivo. Igualdad de oportunidades en las licitaciones, publicidad y sometimiento al control de los organismos de supervisión. En este proceso, los presupuestos participativos constituyen un apoyo al sostenimiento de la labor de control que se precisa realizar durante todo el período presupuestario. Ese control, tiene que ir más allá de lo que contiene la Ley General Presupuestaria en su Título V, que ha sido configurada como un gran departamento de auditoría interna, porque a pesar de las innovaciones que ha supuesto la ley, el «controlador», no deja de ser un organismo dependiente de la Administración pública a la que pertenece.

Se necesita un modelo como el de «la Oficina Presupuestaria» que funciona en otros ordenamientos jurídicos, con absoluta independencia, que informe a los parlamentos y consejos locales sobre el seguimiento del presupuesto y su ejecución. En cada momento se conocerá el grado del gasto real y la ejecución presupuestaria. La oficina presupuestaria tiene demostrada su eficacia y es un elemento de trabajo que tienen los parlamentos modernos. No se concibe su ausencia y, los obstáculos y el retraso a las diferentes propuestas para su creación lo convierten en una demanda permanente para la transparencia e independencia del control.

El director de esta Oficina Presupuestaria debería ser nombrado por unanimidad podría ser reelegible, sin pasar de dos mandatos, y su duración coincidirá con las de los organismos que lo nombraron. Deberá ser un profesional independiente, de reconocido prestigio, con más de quince años de experiencia en materia de control presupuestario y de la actividad económico-financiera del sector público. Deberá contar con un consejo de dirección y el equipo de profesionales que precise para desempeñar sus funciones. Sus informes se emitirán con periodicidad mensual y cuando lo solicite el organismo parlamentario o municipal que lo nombró. Emitirá copia de los informes a las Juntas de Distrito, Asociaciones de Vecinos, organizaciones de la sociedad civil y a cuantos ciudadanos lo requieran. Su actividad será divulgada para conocimiento en tiempo real.

Se precisan, además, mecanismos de transparencia y responsabilidad que tengan capacidad de proponer sanciones a políticos y funcionarios que violen las normas de funcionamiento. La responsabilidad implica que políticos y funcionarios deben responder periódicamente a preguntas relacionadas con sus actividades y se les debe exigir responsabilidad, la cual será inoperante si no se define con claridad para qué, a quiénes y ante quién responden. Asumir responsabilidad es parte del aprendizaje que estamos definiendo como nueva cultura democrática.

El mayor desafío, dice Stiglitz (2002), no radica simplemente en las propias entidades sino también en los esquemas mentales en asegurar que los pobres tienen algo que decir en las decisiones que les afectan. No se puede vender humo a los ciudadanos. Es necesario que el principio de responsabilidad abarque desde los compromisos hechos por los políticos, hasta los compromisos de los funcionarios para el cumplimiento de los fines y objetivos programados.

Además, esta «Oficina del Presupuesto», gracias al desarrollo de la tecnología de la información, puede obtener a bajo coste la opinión de los ciudadanos afectados y compararla con las actividades presupuestarias de los gobernantes. La transparencia respaldará la responsabilidad. La información financiera puesta a disposición de los ciudadanos, regularmente y a tiempo, es un ingrediente importante para el buen funcionamiento de los poderes ejecutivo y legislativo. La información en manos independientes, comunicado por medios independientes públicos, y soportada por un código de buenas prácticas y de transparencia financiera, permitirá con información económica fiable y procesos abiertos de divulgación.

Lo que proponemos es que –con rango de ley– las haciendas locales publiquen anualmente una memoria de la liquidación de los presupuestos, donde expliquen lo realizado comparativamente con lo presupuestado, justificando adecuadamente las transferencias de partidas del presupuesto y el endeudamiento a largo y corto plazo. De igual forma, el cumplimiento de los ingresos previstos y lo realizado.

La evolución y la complejidad de las Administraciones públicas y la entidades que integran este sector han hecho necesaria la existencia de instituciones de control que, con independencia y objetividad, contribuyan a interpretar la realidad económico-financiera desarrollada, vigilen y exijan el cumplimiento de la obligación de rendir cuentas del presupuesto y patrimonio gestionado y evalúen la representatividad y racionalidad de dichas cuentas.

8.5. EL TRIBUNAL DE CUENTAS

La transparencia informativa está encomendada por la Constitución al Tribunal de Cuentas cuyas competencias se extienden a todo el sector público estatal, autonómico y local. Según el artículo 136.1 de la CE, el Tribunal de Cuentas es el supremo órgano fiscalizador de las cuentas y de la gestión económica del Estado, así como del sector público. La Constitución atribuye al Tribunal de Cuentas una doble función, fiscalizadora y de enjuiciamiento. Pero entendemos que esta última función, la de enjuiciamiento, es una reliquia histórica sobre la que habría que abrir un debate profundo. La referencia constitucional del artículo 136.2, a nuestro juicio y en los comienzos de este nuevo siglo, no constituye, un dogma insoslayable que deba mantenerse contra viento y marea.

Un cambio de nombre, por ejemplo Organismo General de Auditoría (OGA) precisaría mejor sus funciones, aproximándose al modelo de la GAO americana o la NAO británica. Con ello se definiría más acertadamente el papel constructivo del control externo, como coadyuvante de la Administración y nunca como juez y policía. La denominación de «Tribunal» está obsoleta. La función de enjuiciamiento como Tribunal Contable Administrativo debería reconducirse a los tribunales de justicia. Somos herederos de un sistema con gran influencia del pensamiento jurídico francés, el cual ha estado presente durante varios siglos. Sería bueno que la ocupación napoleónica terminara en nuestra vida administrativa.

Para sanear esa herencia debería crearse una sola jurisdicción ordinaria que persiga todo tipo de delitos. Es un papel constructivo del control en la era de Internet, que nos está indicando con claridad que no podemos vivir anclados en el pasado que tenemos que aprovechar todos los avances del siglo presente en nuestros trabajos. La sociedad democrática en la que vivimos está avanzando mucho más deprisa que su administración y si queremos ser cada vez más transparentes y eficientes, no podemos retrasarnos en incorporarnos a las nuevas tecnologías.

Se están creando continuamente nuevas figuras administrativas para la gestión, figuras que van desdibujando los límites del Sector Público hasta el punto de hacerlo irreconocible y, desde luego, muy difícil de controlar. Si además resaltamos la trascendencia de las transferencias y subvenciones públicas, que suponen casi las dos terceras partes del presupuesto de las distintas Administraciones Públicas, estamos ante un tema de alto riesgo. ¿Podemos conformarnos con los controles que tenemos? Evidentemente no.

Lo importante es definir hacia dónde dirigirnos. Por ejemplo, mientras no se cambien los sistemas de control deberíamos incrementar la auditoría pública y, teniendo presente que el destinatario es el ciudadano, sería deseable que el sector profesional auditor utilizara un lenguaje más claro, con informes concisos y extrayendo conclusiones que sean entendidas por cualquier lector no técnico. Hoy nos encontramos que en muchos casos los parlamentarios destinatarios inmediatos de los informes de fiscalización o auditoría no comprenden el contenido de los mismos, debido a su complejidad, según se puede comprobar en los Diarios de Sesiones del Congreso de los Diputados.

En este conjunto de acciones no podemos olvidarnos del papel que pueden jugar los medios de comunicación. No podrá producirse un cambio de calado importante sin que los medios lo difundan. Esto no es una batalla de partidos sino el paradigma para un cambio, una nueva gestión para una sociedad cuyos ciudadanos quieren ser soberanos y organizarse en la estructura de una democracia que los haga partícipes.

Capítulo IX

Percepción de transparencia en la sociedad civil y en sus instituciones: Comunidades Autónomas y Administración Local

9.1. LA PERCEPCIÓN DE TRANSPARENCIA EN LA SOCIEDAD CIVIL

En las sociedades modernas se valora la democracia en función de su grado de transparencia, a más transparencia, más democracia. Este sentir de la sociedad tiene su raíz en algo sustancial que se vive en las sociedades democráticamente abiertas, donde se valora a los ciudadanos por su claridad, honestidad y su grado de relacionarse con los demás, o sea, su sociabilidad y apertura para aceptar tanto a los demás como a las ideas. Es vivir en sociedades integradoras, en donde no se excluye ni por sexo, ni por edad, ni por raza y mucho menos por religión. Una sociedad transparente es una sociedad viva, es una sociedad que se gobierna mirando las demandas ciudadanas y recoge sus prioridades para organizar sus gastos públicos y sus inversiones dentro de sus limitaciones y preferencias. Por eso estas sociedades están mejor organizadas y son financieramente más sanas, no se despilfarran medios, porque su funcionamiento transparente las hace más eficientes. Socialmente reaccionan mejor ante las adversidades, y su capital humano está más valorado, porque el derecho a saber, a estar informado, les convierte en promotores de sus proyectos y son capaces de impulsar un estado promotor de ideas para toda la comunidad.

La transparencia es una cualidad que vitaliza a los funcionarios de estas sociedades más abiertas, los empleados públicos, son menos burócratas y más gestores, el ciudadano no es el molesto contribuyente que acude a reclamar, es un miembro de la comunidad que se acerca a su administración pública para solicitar con derecho una petición que le afecta en su vida o en su patrimonio. Donde no se producen estas relaciones es una sociedad cerrada, ya que la miseria y pobreza de sus ciudadanos hace estas sociedades más difíciles de gobernar, política y socialmente. La ONU sabe muy bien que en las sociedades que no impulsan programas transparentes los derechos fundamentales están más limitados y las desigualdades son un obstáculo. La división entre los que lo tienen todo y no necesitan ni la transparencia, porque les molesta que se tenga información, y los que carecen de derechos económicos o sociales, que demandan una vida más digna en una sociedad menos desigual, sin corrupción, y donde la transparencia sea una bandera de todos.

En este juego de la democracia activa y participativa, la transparencia y la rendición de cuentas son los vehículos que los ciudadanos utilizan para participar y controlar, para conocer cómo se organizan las instituciones, cómo se financian y cómo distribuyen sus ingresos. En definitiva, estamos ante el más eficaz antídoto que podemos emplear para erradicar la plaga de los corruptos. Son sociedades que persiguen al corrupto con eficacia, cumplen y hacen cumplir la ley, y el abuso de poder como un beneficio del gobernante hacia un sector económico que pretenda favorecer, se produce un rechazo con un castigo ejemplar y marginación en la política. No se tiene esa nebulosa que encubre en muchos países, España todavía no lo ha despejado, de encubrir bajo la presunción de inocencia al corrupto público, sea por el motivo que sea.

Percibir la corrupción es una visión de los ciudadanos que se recoge en las encuestas de opinión, un ejemplo son las que realiza el CIS y las que publica Transparencia Internacional, los ciudadanos tienen derecho a saber, porque es un derecho social que cada día se precisa reivindicar. Es como señalar un camino para todos en el mundo privado y público, de ser claros y honestos, facilitar información suficiente para que cualquiera pueda evaluar si los hechos que se informan corresponden con la realidad económica. Este conocimiento es un elemento equilibrador para la asignación de recursos, la eficiencia de los mismos y un apoyo para un desarrollo económico sostenible.

Quiero resaltar que hoy padecemos una perversión del lenguaje que maquilla la información y distorsiona todos los procedimientos. Es por ello que como norma general hay que insistir para que la función pública, los directivos de empresas, y cuantos faciliten información, especialmente los medios de comunicación, tengan la transparencia como una enseña del buen gobierno y la participación ciudadana, como una cadena de seguridad para una rendición de cuentas clara.

Vivimos en la «era de la información» y esa abundancia de información no siempre es un elemento que nos ayude al conocimiento, sino lo contrario, se persigue muchas veces, que esa información esté manipulada y no represente la realidad. Hoy lamentamos con demasiada frecuencia esa trampa en la que los ciudadanos caen reiteradamente dejándose llevar por informaciones que vulneran los más elementales códigos de ética. Padecemos esa enfermedad, contagiosa, sin que pongamos los antídotos que sanen el cuerpo social. Es por ello que desde diferentes campos, existe una preocupación en buscar métodos que ayuden de una forma objetiva a determinar los niveles de transparencia, la calidad de la información, para tener lo que podría ser una radiografía de la situación de cada hecho. Todos estamos moralmente obligados a ese esfuerzo y aumentar el nivel social de conocimiento para que las sociedades sean vistas con un nivel de confianza y erradiquemos la sospecha.

Pero las cosas no funcionan sin estímulos, y en este terreno se hace necesario que en nuestro sistema político, jurídico y económico, viva la transparencia, es decir, que la ciudadanía sienta que sus instituciones son el motor de ese conocimiento del derecho a saber de sus contribuyentes, y hago referencia a la forma costosa de mantenimiento de una administración pública, porque el que paga, ciudadano contribuyente, tiene todo el derecho a saber lo que hay dentro de su administración. VILLORIA (2010) y JIMÉNEZ (2011) así como LIZCANO (2015) han puesto de manifiesto que la corrupción en España se ha concentrado muy especialmente en el sector público, inducido por un cierto empresariado que ha encontrado el medio fácil para hacer negocios rápidos a base de lo que se ha conocido por un capitalismo de amigos.

Las instituciones públicas y las entidades privadas tienen que asumir que los ciudadanos van a exigir cada día con más intensidad su derecho a saber, la crisis nos ha despertado de un letargo y ahora la ciudadanía es más activa y desea estar mejor informada y los tres poderes que componen la vertebración de la sociedad deben de establecer los cauces para que los ciudadanos puedan conocer lo que el legislativo promueve, el ejecutivo realiza y el poder judicial controla. Pero además se precisa que otros poderes de control, como hemos expuesto en capítulos anteriores, se reformen, para que la independencia sea absoluta. Precisamos de una transparencia social, para que el derecho fundamental a la información sea una columna del sistema y pueda impedir que los efectos nocivos de la corrupción se perpetúen.

No podemos vivir pensando que nuestra seguridad, libertad y el bienestar, se encuentra en un entramado opaco, que no se puede controlar, y esa sensación de impotencia, es la que el ciudadano tiene cuando pretende introducirse por los canales de una administración que ha puesto tantas murallas protectoras que ahora no sabe cómo salir de ese laberinto por los intereses de poder que se han creado entre las propias administraciones negándose información unas a otras. El caso más escandaloso ha sido la ocultación de deuda entre ellas, que ha provocado una sanción por parte de la UE a la Comunidad Valenciana por no facilitar sus endeudamientos y ocultar la cuantía de los mismos.

La transparencia nos inunda en todas las esferas de la vida, y no es suficiente con avanzar en los sectores públicos, si en los privados no caminamos a ritmos adecuados. Lo que hoy se conoce por los mercados, tienen que salir de sus procedimientos poco transparentes, las sanciones millonarias que han acumulado los grandes bancos a nivel mundial por manipular el mercado de divisas, por ejemplo, solo es la punta de iceberg. El sector financiero es poco transparente, a pesar de los controles existentes, el empresarial tiene mucho que hacer para ir adaptando su gestión a formas transparentes y abiertas, en especial con la RSC, donde falta claridad para evaluar los aspectos sociales, medioambientales, o sencillamente conocer en profundidad cómo interactúan con cada empresa los stakeholders, o sea, el trato con los accionistas y las relaciones con sus empleados, así como los clientes, proveedores, acreedores financieros y la sociedad en su conjunto.

Si nos estamos refiriendo a problemas, detrás de cada problema existe un coste encubierto y la falta de transparencia es una permanente cascada de costes encubiertos, por sus procesos menos eficaces y por las deficiencias que produce, sin contar con los costes de oportunidad internos o de empresas del entorno que tienen que soportar. La corrupción es una de las cadenas que incrementan los costes internos y externos de nuestro sector económico, tanto en lo público como en lo privado.

El trabajo de Transparencia Internacional, una organización no gubernamental, sin afiliación partidista ni ánimo de lucro, se dedica a combatir la corrupción desde 1993, fecha de su fundación en Berlín, donde a lo largo de estos años ha asumido un papel importante, ante la sociedad civil, sectores económicos y gubernamentales para colaborar en las diferentes formas de combatir la corrupción. Está siendo fundamental y sus informes de los hechos y recomendaciones están sirviendo y mejorando los niveles de transparencia. Desde el año 2006 está funcionando el capítulo español, cuyo presidente de honor es Garrigues Walker.

9.2. LA PERCEPCIÓN DE TRANSPARENCIA EN LAS CCAA, DIPUTACIONES Y AYUNTAMIENTOS

El reconocimiento constitucional del artículo 148.1.1.ª les atribuye a las CCAA la competencia para la «organización de sus instituciones de autogobierno», y ese reconocimiento ha producido un mimetismo de creación de entes territoriales para ejercer los controles en las instituciones de sus territorios. No ocurre lo mismo con las Diputaciones y los Ayuntamientos que al no tener capacidad normativa legislativa, se encuentran que la organización está determinada por las leyes que las regulan. La Constitución no preveía y tampoco prohibía la existencia de órganos de control externos autonómicos, lo cual ha determinado que por ese mimetismo la mayoría de CCAA hayan constituido, al amparo de sus Estatutos de Autonomía, sus Órganos de Control Externo. Hoy existen trece Tribunales/Cámaras/Sindicaturas/ o Consejos para el control de la gestión de los presupuestos públicos y su funcionamiento. Todos tienen una dependencia formal con las Asambleas Legislativas, y su vinculación es formalmente sin injerencias teóricas del ejecutivo. El problema como ya hemos señalado, es que los nombramientos se hacen por la representación política y su composición es mero reflejo de las tendencias de la cámara, sistema que hay que reformar, para que sea la minoría la que proponga y el control sea independiente sin sombras de interferencias. Para que la independencia que se pretende, no puede quedar en un mero formulismo.

Y hablando de formulismos, los recursos planteados ante el Tribunal Constitucional sobre la exclusividad del control en la administración Local, que se solucionó aclarando que podrían realizarse por diversos organismos, sin ser excluyentes unos de otros. La sentencia del 17-10-1988, la número 187, es un claro manifiesto de dejar que coexistan diferentes tutelas sobre los mismas instituciones, cuando lo efectivo hubiera sido evitar esa duplicidad y realizar una efectiva distribución de funciones que impida duplicidad de costes, criterios diferentes y sobre todo, evitar ese choque de competencias que siempre surge entre quien quiere romper con las imposiciones de rendir cuentas a controladores lo más independientes. Esta aplicación de la función de fiscalización de la actividad local por los órganos externos lo podemos ver muy singularmente recogido en la exposición de motivos de la Ley 6/1985, de 11 de mayo, de la sindicatura de Cuentas de la Comunidad Valenciana donde se puede leer «*Cohonestar la facultad de fiscalización de la Sindicatura sobre las Entidades Locales, con la indudable potestad fiscalizadora del Estado sobre ellas y la autonomía que a las mismas se les reconoce constitucionalmente, ha sido aspecto estudiado muy medianamente, dada su delicadeza y dificultad. Se ha salvado la dificultad por una doble vía: limitando la potestad de control de la sindicatura a aquella parte de la gestión financiera local que esté comprendida en el ámbito competencial de la Generalitat Valenciana, ámbito que nace de la estructura autonómica que la Constitución confiere al Estado, y, segundo, reconociendo expresamente a la entidades Locales como los órganos competentes para adoptar las medidas oportunas que, a la vista de los informes o dictámenes, como resultado del ejercicio de su función fiscalizadora, emita la Sindicatura*».

Queda evidente que con tanto entramado no ha sido posible cortar la corrupción en la administración municipal, en las contrataciones y en las muy diferentes formas de privatización de los servicios que se han realizado a lo largo de estas últimas décadas. Es patente que no hemos sabido encontrar ese camino de colaboración, control y eficiencia, que impidiera los muy variopintos negocios encubiertos que se han realizado. Es por consiguiente un modelo a revisar, su independencia está cuestionada, y es preferible un potente organismo único de control, que demasiados que no responden a los fines para los que se crean.

En los Principios y Normas de Auditoría del Sector Público podemos observar las referencias a las normas a las que deben someterse los trabajos de fiscalización, entre los que se citan como fundamentales están: la formación y la experiencia del personal que debe desarrollar los trabajos y con la independencia que se requiere. Podemos comprobar cómo se detallan los tipos de trabajo, su planificación, las técnicas de supervisión y hasta la formación de los papeles de trabajo, sin olvidar los conceptos de la importancia relativa y el riesgo que siempre está presente en todo trabajo de comprobación, para determinar cualquier salvedad que se pueda producir en las conclusiones del trabajo.

Pues bien, ante este control lo que han hecho los organismos que tenían que ser controlados, fundamentalmente los de gestión local, ha sido organizar un sistema de externalización con entramados societarios municipales para evitar los controles. Podemos leer con estupor en el informe anual de 2008 del Tribunal de Cuentas que se ha constituido sistemas organizativos dirigidos a conseguir no ya una gestión más adecuada de los sistemas públicos, sino a extraer gran parte de esa gestión a los sistemas ordinarios de control, interno y, en lo posible externo, mediante la constitución de sociedades municipales, la extensión de los denominados medios propios a entidades que, en principio, eran carentes de esa cualidad.

Capítulo X

Un nuevo contrato social con la ciudadanía

Vivimos en la sociedad moderna una necesidad de búsqueda de cauces eficaces de participación de los ciudadanos en la vida de sus instituciones, porque hemos dejado demasiado tiempo el devenir de su funcionamiento en manos de intereses económicos y de políticos, y unos y otros, han estado desarrollando sus objetivos y programas, marginando a los ciudadanos. Ha existido como un temor a mezclar en la toma de decisiones a la ciudadanía por consideraciones arcaicas de un mal entendido resentimiento contra los movimientos libertarios de acción popular. No estaba bien visto, lo correcto era contar con buenos cuadros de dirigentes, y desde esa estructura, bien política o funcionarial, dirigir.

Ése ha sido el término que mejor representa la situación que hemos vivido, nos han dirigido. Hacia un lado o hacia otro diferente, pero al fin desde una visión sociológica, nos han guiado sin dar posibilidades de participar en una sociedad abierta. Esto nos ha llevado a una sociedad y sus instituciones sin transparencia, y viviendo de espaldas a los ciudadanos. Esa paralización nos ha llevado a contabilizar demasiados desastres, escándalos, en lo público y en la economía privada, y provocar el grito de «no nos representan».

La participación se ha convertido en el nuevo motor para abrir la sociedad, las iniciativas de la ciudadanía han ido tomando fuerza y hoy no se concibe un programa de objetivos que no cuente con una referencia a los conceptos de participación, transparencia y rendición de cuentas. ¿Es un cambio sincero? ¿Es una estrategia de un cambio de expresión sin calado? ¿Será un cambiarlo todo para que no cambie nada?

Los ciudadanos no pueden dudar, tienen que ser el motor en estos momentos en donde el sistema se ha convertido en un desgobierno, para girar el modelo y hacerlo participativo, hacer de la gestión pública un modelo abierto, un «gobierno abierto» para salir de ese efecto petrificado en el que nos habíamos situado. Las iniciativas ciudadanas están siendo el mejor antídoto, han conseguido en muy poco espacio de tiempo imponer cambios que no se podían ni soñar desde un modelo cerrado y bipartidista. Hemos recuperado para la democracia sus fuentes de energía naturales que además la convertirán en más eficientes. Por eso la opinión y las propuestas ciudadanas constituyen la esencia de este cambio. No hay que tener miedo a las consultas, ni filtrar propuestas, hay que saber escuchar, organizar, priorizar, es decir, hay que saber gestionar lo común con la comunidad ciudadana.

Es organizar una lucha colectiva contra el desgobierno, contra la crisis económica, contra el despilfarro, y en defensa de lo público. El ciudadano no está inmerso en la dinámica del gasto público como un efecto «devastador», el ciudadano tiene ideas y muchas iniciativas para ordenar mejor el gasto público, la experiencia de los presupuestos participativos, lo han puesto de relieve. Nos han dado muchas lecciones de cómo hacer y mejorar las actividades y servicios públicos, con sus compromisos de participación en muy diferentes comisiones, consejos, plataformas y propuestas. Ya no se pone en duda que hay que participar, es la hora de organizar esas fuerzas, impulsar su creatividad, iniciativas, y aprovechar las muy diferentes sinergias que desde su visión social incrementaran la eficiencia del sistema.

Egoístamente, debemos pensar que para salir de la crisis es mejor salir más unidos, que disparatadamente desestructurados. La sociedad desestructurada tiene unos costes superiores y es más difícil de gestionar. Por eso se precisa de un Pacto con la ciudadanía, un nuevo «contrato social» en donde la sociedad española alcance su madurez, llevando a la política, con mayúsculas, su nuevo impulso de participación. Es recuperar ese espacio de confianza que se ha perdido en el proceso de burocratización de los ideales de la Transición y con la dureza de los efectos de la crisis económica. Si se consiguiera ese acuerdo social fortalecería la vida economía, tendría un efecto saludable en la vida política, y caminaríamos por una vía segura en la transparencia del sistema, el debate fortalecería la democracia y la participación ciudadana sería un pilar del sistema.

10.1. DEL DESPILFARRO A LA PRIORIZACIÓN DE PROYECTOS

El manejo de los fondos públicos tiene una trascendencia mucho más allá del mero control de la legalidad, del cumplimiento de los procedimientos en su contratación y adjudicación y de las diferentes calificaciones que en nuestro derecho Administrativo y Penal se realizan para los incumplimientos. Hoy nos encontramos con multitud de proyectos que han sido un fracaso económico y social, que son una carga su mantenimiento y su liquidación una ruina. Y la forma irresponsable en la que políticos se han implicado en operaciones empresariales de difícil justificación social, están inundado las portadas de los medios de comunicación. En ese desconcierto los ciudadanos han calificado con dureza a los que han traspaso las barreras de la prudencia, pero de la descalificación no hemos subido los escalones que faltan para que entre en el ordenamiento jurídico.

Este debate debe abrirse por la ciudadanía, porque hay que tomar conciencia que parte de ello se sustenta en las campañas de los políticos para vender falsas expectativas, crecimientos económicos sin base real y la gran enfermedad, de hacerlo todo bajo una *«ilusión fiscal»*, cubriendo los déficit presupuestarios con endeudamiento. Cortar este circuito y levantar muros de protección tiene que reforzarse desde dentro del sistema, tipificando el despilfarro, y desde fuera, por la sociedad civil, condenando al despilfarrador y alejándolo de la gestión de lo público, por sus efectos contaminantes para el sano funcionamiento del presupuesto público. Son tantos los ejemplos que tenemos por todas las Comunidades Autónomas, y con un listado negro de despropósitos que no habría que haber esperado más de treinta años para pararnos a reflexionar.

Esta enfermedad infantil que pronto se propagó por los primeros presidentes de autonómicos debería haberse cortado y no tendríamos ahora que lamentar que el déficit presupuestario se ha controlado en la Administración Local y sigue sin posibilidades de control en las CCAA. El Estado no ha sido tampoco un buen ejemplo porque ha promovido proyectos, avalado operaciones y financiado actuaciones en donde los intereses de los ciudadanos nunca estuvo presente. Y la ciudadanía no puede comprender que su caja de pensiones se cuestione, cuando existen proyectos ruinosos, un sector financiero que quebró, y unos ciudadanos empobrecidos en porcentajes nunca reconocidos en la historia económica de España, mientras que los ricos aumentan vertiginosamente su fortuna y crecen los privilegiados.

No casan bien estas contradicciones, y es por ello que no podemos permitir por más tiempo que lo público no tenga un mayor control y responsabilidad, sin exigir quien *«debe pagar los platos rotos»*, porque no es justo que lo pague *«quien ni siquiera tocó la vajilla»*. El reconocimiento por nuestro ordenamiento penal en su reforma de 2012, previene y sanciona conductas que constituyen causas por las que estamos sufriendo con más gravedad la crisis económica en nuestro país en comparación con otros. La indemnización de los daños causados a aquellos que administrando lo público haya cometido acciones u omisiones contrarias a la ley, requiere de requisitos de acción u omisión dolosa o imprudente con vulneración de normas y principios presupuestarios y de contabilidad además de un nexo entre la acción y el menoscabo producido. Cuestiones que desde una perspectiva alejada se valora de una forma, es la percepción ciudadana del despilfarro, pero otra muy diferente es el acercamiento microscópico de los procedimientos y de los nexos entre las causas y los hechos.

Por otro lado, observo con preocupación que mientras los presupuestos públicos siguen implacables con los recortes (por ejemplo, en tres años se ha reducido el 25% las partidas en educación y servicios sociales) y las inversiones públicas o desaparecen o se ejecutan lentamente, al mismo tiempo padecemos un despilfarro vergonzante, enquistado en las cuentas públicas de las tres administraciones. Así lo ponen de manifiesto los niveles de deuda recientemente publicados. Somos el segundo país con más deuda exterior. En las autonomías, la deuda ha llegado a una situación de asfixia, a pesar de las ayudas por parte del Ministerio de Hacienda.

Es el momento de poner las cosas claras: La utilización de un recurso económico de manera impropia o no racional es un despilfarro, lo que los franceses llaman *«gaspillaje»*, y ambas tienen una enraizada práctica en nuestros pueblos. Se despilfarra de todo: agua, energía, alimentos, medio ambiente, esfuerzo educativo que ha de emigrar... Pero hay despilfarros que sangran para todos, cuales son los de los bienes comunes y públicos, incluyendo los despilfarros de los recursos presupuestarios.

Lo contrario del despilfarro es la conservación, el buen uso, la economía, la eficiencia, la eficacia y la ética en la gestión. Pero estos criterios fallan. Y cuando no se respetan los principios de la economía pública ni de la ética en su gestión, hay que aplicar el código penal. Así de claro. El despilfarro es perseguible y debe exigirse como un deber social.

En su intervención en el Congreso para presentar el informe del año 2012, la Defensora del Pueblo ya alertó de la necesidad de tipificar como delito penal el «despilfarro» de los caudales públicos porque, decía, «evitaría que se malgaste el dinero de todos, obtenido por las Administraciones públicas de los impuestos que gravan la renta o el consumo de millones de personas». Instaba a que fuese obligatorio señalar, en cada proyecto de obra pública, todas las partidas previstas hasta su conclusión, considerando además como imprescindible que antes de realizar una nueva infraestructura se evalúe su uso social.

Son los excesos lo que hay que perseguir, excesos en proyectos inservibles, en campañas publicitarias de auto justificación de ciertas políticas, o las que tienen otros oscuros objetivos. Todas estas conductas, particularmente graves, dice la Defensora del Pueblo, deben tener una respuesta en nuestro código penal.

Porque hay que vigilar el manejo de los fondos públicos, seguía diciendo, con más control efectivo que los privados. Y terminaba afirmando que, además, la consecuencia jurídica final, debía perseguir «la inhabilitación para el cargo o función pública» de los despilfarradores de los caudales públicos. Lamentamos que en la Ley de Transparencia se haya perdido la oportunidad de incorporar esta petición de la Defensora del Pueblo.

En España existe la tradición de invertir ingentes cantidades en proyectos que han resultado una ruina, los cuales han sido impulsados por políticos de una forma irresponsable, algo que en nuestro entorno de países de la UE habría sido inviable. Por eso no tenemos buena imagen como gestores. Las escandalosas inversiones realizadas por los gobiernos de Zaplana, Carlos Fabra, Camps, Valcárcel, Ruiz Gallardón, así como los impulsados por los gobiernos de Aragón, Cataluña, Andalucía, Galicia y muchos proyectos de infraestructuras como ha ocurrido con el AVE y aeropuertos provinciales, suscita un serio debate en este sentido.

No son cifras insignificantes: «La Caja Mágica» costó 294 millones de euros (174 millones más de lo presupuestado), la Expo de Zaragoza cerró con un déficit de 504 millones y si repasamos los despilfarros regionales, nos encontramos tantas «desviaciones» que nos han elevado a ser los primeros endeudados, aunque se pretenda encubrir con la mala escusa de que ha sido por el déficit social.

Por eso queremos auditar la deuda. No para impagarla, como dicen algunos, sino para analizar los motivos de su emisión y poder explicar a la sociedad que hubo un tiempo en el que unos señores con poder político abusaron de la confianza de sus votantes y gobernaron con despilfarro, endeudándonos, imponiendo recortes sociales cuando la crisis puso de manifiesto el desgobierno que estaban realizando, porque esta crisis ha puesto en su sitio a los que nos han arruinado. Esperemos que la justicia, algún día, dictamine lo adecuado.

La Ley de Transparencia no ha resuelto estos problemas, solamente los ha puesto, en algunos casos, blanco sobre negro, porque no ha llegado la hora de que tenga consecuencias no solo administrativas sino incluso penales. Esta transformación se inicia ahora por imposición de muchos acuerdos que se han firmado en algunas Comunidades Autónomas, por exigencia de los nuevos partidos políticos que ha irrumpido en el escenario electoral y la pérdida de las mayorías absolutas ha obligado a que el apoyo se condicionara a lo que se ha denominado una *«regeneración política»* que en muchos casos supone realizar auditorías para esclarecer el pasado, así como constituir en las nuevos parlamentos comisiones de investigación de esos grandes despropósitos que se han cometido a lo largo de un periodo de excesiva concentración de poder.

Nos enfrentamos al problema de la impunidad con que se ha actuado, y es oportuno y necesario que políticos, empresarios, sindicalistas, funcionarios, no solamente sean responsables de sus actos, sino que sus organizaciones no queden en una cómoda situación de impunidad. La inclusión de todas las instituciones que actúan en la sociedad, sean políticas, sociales, culturales o religiosas, deben de incluirse en el régimen general de las personas jurídicas. Para ello se precisa una mayor independencia de poderes, una reforma en profundidad de los organismos de control como hemos puesto de manifiesto en el capítulo IX. Todos tienen la obligación de mantener el control de sus organizaciones, vigilar las actuaciones que se realizan en su nombre, y es que, como dice RODRÍGUEZ MOURULLO (1978), hacer un seguimiento de las complejas estructuras que empresa y organizaciones al operar en una economía tan compleja y globalizada puede pervertirse induciendo a actuaciones delictivas encubriendo a sus actuarios. Unos y otros se encubren y amparan buscando todos el beneficio de la impunidad, es por ello que hay cortar como se ha dicho por la raíz.

Hay que insistir, en el avance de la lucha contra el despilfarro, y tiene que fortalecerse con un ejercicio independiente, y no podemos ver con tranquilidad cómo funciona la Fiscalía General del Estado, que tendría que ser un organismo independiente del Gobierno de turno, porque malamente se impulsa actuaciones contra los poderes que se ejercitan desde el partido en el gobierno. La utilización de esta institución ha quedado muy depreciada por su mediatización en los casos de repercusión de los últimos escándalos con repercusión política.

Es un terreno de especial sensibilidad en lo político y en lo jurídico, pero esa situación no debe impedir que el clamor de la ciudadanía exigiendo mayor control, una reforma del tribunal de Cuentas y de los demás poderes de control del Estado, para ejercer con independencia cada uno su papel constitucional, no puede impedir un cambio. Se precisa detectar el irregular modo de funcionar en la gestión de lo público y los esfuerzos por una transparencia quedan anulados cuando las estructuras de poder tienen impunidad de hecho, por ello el cambio es urgente. Y la presión ciudadana es la llave para que se produzca, ahora lo hemos vivido en el cambio producido con los resultados en las elecciones autonómicas y locales de mayo de 2015.

10.2. PALANCA CIUDADANA

Recordar de nuevo lo que afirmó Arquímedes en la explicación de su «teoría de la palanca». Hoy tendríamos que trasladar ese concepto al mundo de la política afirmando que ese punto de apoyo para actuar de palanca, como hemos insistido, es el ciudadano. Las acciones de reivindicación que se están desarrollando así lo ponen de manifiesto. El ciudadano es palanca para controlar el gasto, para controlar proyectos y para controlar la acción de los políticos.

Hemos desarrollado la forma de democracia representativa, pero no hemos sabido cambiar las estructuras sociales. Nos queda dar más pasos, y es la hora de los ciudadanos. Ese punto de apoyo, que como decía Arquímedes, movería al mundo.

La caída de las monarquías absolutas hace siglos, eliminaron una superestructura de poder, pero quedó enquistado el caciquismo en la política. El cacique es un ser soberbio, dominante y que precisa de las normas para que los demás las cumplan, sin embargo él las incumplirá con impunidad, es el juego de su ventaja, jugar siempre con las cartas marcadas para ganar la partida. Esa forma de actuar es el germen de la violencia.

A pesar del largo periodo democrático, con diferentes gobiernos alternándose en el poder, el cacique sobrevive, se entremezcla en las urnas, y se eligen democráticamente a quien el cacique apoya. Muchos escribieron que el caciquismo era la lacra del siglo XIX, pero el tiempo ha demostrado que han sabido perpetuarse, siguen mandando, influyendo, cambiando equipos de gobierno, políticos, y nadie consigue arrancar esa mala hierba que crece en el terreno de la política. Se precisa de un herbicida, que deje crecer la democracia sin la opresión de los que las dominan.

A los caciques los tenemos por cada esquina, no sólo en España, sino en toda Europa, y no digamos nada en otros Continentes, donde algunos sin pudor son dueños de *vidas y haciendas»*. Tenemos sin resolver este problema en la democracia representativa, a pesar de los intentos de cambio, algunos revolucionarios, la democracia representativa no ha encontrado la forma de erradicarlo, porque se sustituyeron unos caciques por otros, porque ser demócrata, es parte del ser de cada ciudadano, es una forma de ver y vivir la vida, y hay que ser demócrata en la vida cotidiana, en las relaciones sociales, en la economía y por supuesto en la política. Lo hemos situado en el camino de las virtudes laicas, y hay que convertirlo en una vivencia colectiva.

No podemos olvidar a los ciudadanos, su fuerza y su papel protagonista. El ciudadano ya no puede estar para representaciones de legitimación en los procesos electorales, no, tiene que estar presente en el día a día de la vida de sus ciudades. Falta como nos dice «la teoría de la palanca» el punto de apoyo. Ese punto de apoyo es la fuerza que los ciudadanos están dando al proyecto, su participación en la vida de sus ciudades, en la actividad económica, será la renovación que impulsará el cambio social.

Sin dejarse manipular, sin ceder su voto por una promesa que no tiene seguridad si se cumplirá, sino controlando. Queremos otra forma de hacer política, una política que controle al poder, con capacidad de «revocación» a la mitad de mandato. Queremos poder quitar al que se vendió al cacique, o al monopolio financiero, porque no tenemos porqué soportar quien adulteró su mandato. Queremos que nos rindan cuentas, queremos auditar el gasto, queremos que no nos hundan en deudas. Que no nos engañen con macro proyectos que no soportan la crítica del contraste de otros datos.

Repetiré hasta la saciedad que deseo una democracia activa, para ser más libres, y no vivir hipotecados. Queremos otra Europa, más social, más democrática, y con menos banqueros mandando. Queremos no tener que repetir cada ciclo de la historia, ¡qué habéis hecho! con el poder que os hemos dado. Queremos que «la pasión cívica» fortalezca el movimiento ciudadano. Porque estamos hartos de demócratas hipócritas, que no comprenden que la democracia no es un punto donde se llega, es un movimiento permanente, que nunca está satisfecha porque la sociedad demanda lo que vive en la calle, y cuando eso no tiene proyección en las instituciones, primero es la desafectación, luego es la ruptura. Y antes de llegar a situaciones límites, no olvidemos que los ciudadanos somos la solución, porque empleando la fuerza de su palanca, moveremos nuestro mundo, para no consentir que con ciertas políticas nos sigan explotando.

10.3. PROTAGONISMO CIUDADANO

El protagonismo ciudadano en la gestión de lo público no se debe limitar a los ciclos electorales, momentos en los que se busca la participación insistentemente porque el voto es necesario para cuantificar el peso político de cada opción que compite en esa batalla de las ideas. Y digo que no se puede limitar a ese momento, porque la democracia es un proceso constante de participación, y «nadie puede participar en lo que no conoce».

Por otro lado, hay que resaltar que la información es imprescindible. Necesitamos saber de los asuntos públicos y que se nos rindan cuentas para valorar cómo se ha ejecutado y empleado nuestro dinero, para evitar que los corruptos se infiltren por las puertas falsas del sistema. Queremos un cambio, y para conseguirlo se precisa de una voluntad política que propicie una nueva cultura funcionarial y también que eleve la necesidad en la sociedad civil de ser exigentes en esta acción de la accountability. Porque da la sensación de que el hecho de haber ratificado el Convenio del Consejo de Europa sobre el «acceso a la documentación pública» y la reciente aprobación de la Ley estatal y la regional sobre Transparencia, fuera como un punto de llegada. Sin embargo, esos dos acontecimientos son el principio, un inicio, que con mucho retraso, se intenta salir de la opacidad formalmente organizada. Es bien sabido que no basta con publicar una norma, si éstas luego no se cumplen.

Cuando los políticos no lo sienten, los funcionarios no lo practican y los ciudadanos no lo exigen, la transparencia informativa quedará como un procedimiento de la burocracia de funcionamiento, pero no como una mejora de nuestra debilitada democracia. No olvidemos que los ciudadanos queremos la información para dos cosas: saber lo que está ocurriendo en nuestras instituciones, y poder controlarlas. Es por ello que queremos una información efectiva de los asuntos públicos, para exigir con toda crudeza una rendición de cuentas de gran calado. Queremos saber, porque queremos controlar. Queremos controlar, porque queremos denunciar los casos de corrupción y de despilfarro de lo público, ¡así de claro!

Por eso no nos sirve que se nos despache de «oficio» o con unos datos que oculten, disimulen o pretendan maquillar o desinformar, que de todo hay.

Somos muchos los que hubiéramos deseado que la Ley de Transparencia hubiera estado enmarcada entre los derechos fundamentales, y con el carácter de una Ley Orgánica. Porque resulta sorprendente que a estas alturas en nuestro sistema democrático el derecho de petición esté considerado como fundamental y por el contrario, no lo sea el derecho de acceso a la información pública. No lo entiendo. Hemos perdido los ciudadanos derecho, por ese caciquismo político que frena la democracia plena, motivado por las presiones de los intereses competenciales de las CCAA que no querían perder el derecho a que cada una tenga su propia Ley.

Sería precisa una regulación básica para todas las entidades que prestan servicios de forma directa o indirecta a los ciudadanos, para garantizar tanto la información presencial, telefónica y electrónica. Y denuncio que hemos perpetuado nuestro más oscuro proceder continuando con el silencio administrativo negativo. Una conducta reprobable de la Administración Pública, y perdiendo la oportunidad, de romper con el interés de autoridades y empleados públicos, estatales, autonómicos o locales a defenderse tras los procedimientos de su silencio.

Seguimos sin conocer los informes internos de fiscalización, y me refiero expresamente, a los informes de reparos que realiza la intervención, porque ayudaría a los ciudadanos a controlar los intentos de saltar los controles y producir decisiones que rayen la ilegalidad en los procedimientos. Queremos que la sociedad civil conozca todo el procedimiento de tramitación, al igual que las memorias para justificar cualquier tipo de endeudamiento. Así mismo, hay que incrementar la transparencia en el nombramiento en los puestos de trabajo, nos sonrojamos cuando vemos ciertos nombramientos de personas que no tienen ni titulación ni preparación para ejercer las funciones que deben desempeñar. No es suficiente conocer las retribuciones, hay que conocer también los sistemas por los cuales se ha cubierto cada puesto de trabajo. Existen demasiados «nombramientos» cobrando de los presupuestos públicos de una forma «indebida». Vemos cosas que nos avergüenzan y nos sentimos aterrados cuando sin reparos, se nombra a amigos o compañeros, sin más justificación que la afinidad política, familiar o de amistad.

Y para terminar, aprovechando que vamos de campaña electoral en campaña electoral, denunciar que la normativa estatal es muy poco transparente en los gastos que los partidos incurren en las elecciones, y son los Organismos internacionales los que nos recuerdan «que cómo se hace tanta publicidad, con tan poco gasto contabilizado por los partidos políticos». El fantasma de muchos «conseguidores» recaudando en nombre de quien puede hacer favores es demasiado conocido, y nadie se atreve a poner en vigor una norma que corte de raíz las malas prácticas que han viciado el sistema.

Un problema de especial importancia es el que cometen ciertos alcaldes que impiden el acceso a la información por parte de sus concejales, olvidando que son los representantes de los poseedores de los derechos cívicos y no debe haber ningún alcalde que impida que la democracia se viva activamente en su territorio, nuestra Constitución así lo define en su artículo 23.2 donde se resaltan los derechos cívicos. Es el momento del protagonismo ciudadano, los políticos deben asumir menos protagonismo, y ser mejores gestores de lo público, sin apropiarse de sus funciones. Gobernar es compartir.

Capítulo XI

La transparencia y la creatividad

11.1. EL BIEN PÚBLICO POR EXCELENCIA

Tiene razón la sociedad civil al reclamar apoyo para la ciencia básica, esa que desarrolla conocimiento, sin que se condicionen como ayudas a la investigación aplicada. Y lo digo, puedo equivocarme, desde la experiencia propia de haber conocido cómo muchas veces los modelos de producción han alcanzado desarrollos importantes y han aumentado ingresos, aplicando y compartiendo «saber», ese bien público por excelencia que no se transmite por mecanismos mercantilistas sino por el camino de las potencialidades del conocimiento para que progrese el capital humano.

En este momento y para salir de la crisis, se necesita apostar por el capital humano y por el conocimiento. La profundización global de la investigación nos abrirá nuevas salidas, nuevas oportunidades. Por desgracia estamos demasiado cerrados y dejamos siempre para después el compromiso de las transformaciones. Se pide seguridad sin pensar que la difusión del conocimiento tiene que ser libre y participativa para permitir la convergencia en nuevas instituciones. ¿Cuáles? Las que el conocimiento de la ciencia básica nos señale, porque hay que confiar en que esa línea de evolución, la del conocimiento como bien público por excelencia, es la que nos llevará a superar las desigualdades.

Y al mismo tiempo, tendremos que preguntarnos si nuestros políticos creen en los bienes públicos. Tenemos dudas razonables de que no. Estamos pasando desde hace años por una fiebre privatizadora y, de no cortar a tiempo esta tendencia, no supondrá solo la importante pérdida de patrimonio público, es que cada vez que privatizamos algo se crea más desigualdad, tal y como nos lo van confirmando los hechos.

Los bienes públicos tienen un componente distributivo en el que juega su papel la economía pública. En teoría, los recursos públicos promocionan equidad social para cumplir unos mínimos de justicia distributiva. AMARTYA SEN (2000) define esa distribución como *«el bienestar social a partir de las capacidades básicas de los individuos para desarrollar su libertad»*, y hay que resaltar que las fusiones de bienestar social siguen siendo útiles para reflexionar sobre políticas públicas.

En este sentido cabe resaltar la inquietud que desde la sociedad se vive para cambiar las cosas, pero no hay cambios si no se tienen los medios para llevarlos a efecto. Además el cambio debe ser participativo porque no serviría de mucho una propuesta unilateral. Son los valores básicos, bien determinados, compartidos, con objetivos alcanzables y avanzando por el camino de la excelencia las cuestiones que determinaran si las decisiones adoptadas son buenas o no.

De ahí que pida con insistencia más transparencia económica y más democracia participativa. Quizás porque la experiencia me ha enseñado que hay que apostar por una gobernanza democrática que dé participación en las decisiones. Y es que la confianza necesaria para conseguir el «bien público por excelencia» no puede alcanzarse de otra manera.

11.2. USOS NUEVOS

La sociedad arrastra desconfianza en todo el viejo continente, mientras nuestro país tiene sin solucionar demasiados problemas que ahondan en esa actitud de vivir de espaldas a la ciudadanía, a base de cerrar filas para filtrar todos los intentos de participación que desean sanear el sistema. Tenemos dos problemas, el interno y los que la vieja Europa no ha resuelto. Es por ello que se precisa que los proyectos de cambio tengan esa doble visión, porque la democracia tiene que presidir a todas las sociedades y, a su vez, la democracia de cada país tiene que sumar valores para que el resultado final sea más democracia.

Entiendo que en esta crisis la función es reconciliar la economía con la política, todo lo contrario de lo que se está haciendo. Los países del Sur son el ejemplo de un divorcio, a veces tan desafortunado como que hay ministros que en sus explicaciones pretenden enfrentar a los jubilados de unos países contra los de otros, unas veces a cuenta de no perdonar la deuda, otras porque el sistema financiero es el depositario de los fondos de pensiones y, cuando no, porque unos se jubilan más tarde que otros. Esta semilla del enfrentamiento traerá malas consecuencias si antes los políticos no cumplen su función central en democracia: reconciliar economía y sociedad frente al divorcio que durante largos años estamos soportando.

Un modo de gobierno que no es capaz de mejorar el bienestar social de sus ciudadanos respetando sus libertades y que, sin embargo, cuida de sus élites y salva a los sectores económicos (como es el caso del financiero o el eléctrico) descuidando liderar la democracia y convirtiéndose en el guardián de los grupos dominantes, es un sistema depredador de libertades. No extraña, pues, que diversos barómetros indican desde hace años el deterioro democrático, observando que caminamos en retroceso, y es en ese retorno a las fronteras.

Un repaso a los índices «Freedom House» y «The Economist Intelligence Unit» evidencia que en siete países de la Unión Europea, entre ellos España, se percibe con claridad el retraso democrático y los principales indicadores de ese retraso son consecuencia de la percepción de que se ha perdido soberanía ciudadana. Los ciudadanos han perdido empoderamiento en la vida social y política, el temor de la crisis se ha impuesto como una losa para arrinconarnos e impedir la entrada en las instituciones y, por otro lado, la falta de rendición de cuentas, tanto en la vida pública como en las actividades privadas, impiden que los ciudadanos controlen cómo y por qué se ha financiado la crisis, quiénes son los favorecidos y cómo vamos a quedar a la salida de este ciclo, que está destruyendo a la clase media, por mucho que se alardee de un crecimiento del PIB que no se percibe en las economías familiares ni en las pequeñas empresas. Vivimos unos mensajes neoliberales que se mantienen en unas democracias viciadas, como las califican dichos barómetros internacionales.

Si queremos recuperar democracia, tendremos que ser más críticos con los políticos, con el gasto público, con el desarrollo económico, con su distribución, con el gobierno de las instituciones... hay que expulsar de nuestras vidas el miedo a la crisis y afrontar el reto de buscar los «usos nuevos» a los que se refería Ortega y Gasset (1983) y que hoy se concretan en alcanzar un nuevo contrato social y que pisando tierra, porque el cielo está muy lejos, libremos una batalla municipio a municipio para fortalecer la convivencia diaria y conciliar a la sociedad con la economía, para lo que se precisa que los medios públicos estén al servicio de los que más lo necesitan.

Ese deseo orteguiano de «usos nuevos» es la mayor operación que los ciudadanos podamos afrontar. Para todos los pueblos es como un reto de una nueva geopolítica, un compromiso dinámico que afronte retos tecnológicos, demográficos, sociales y territoriales para dar paso a una nueva gobernanza que erradique los vicios ocultos heredados. La voz de la ciudadanía es la llamada a cambiar gobiernos y expandir la democracia.

Decía el escritor D'Arcais (2013) que las mentiras políticas caminan al mismo ritmo que aniquilamos la verdad y la democracia. Las libertades públicas y las mentiras políticas circulan de forma inversamente proporcional, son un indicador de la calidad de una democracia y del grado de tolerancia con los políticos que mienten.

La verdad es de vital importancia para una cultura pública decente, nos dice el profesor Lynch (2000). Cuando se acepta la mentira del político quedamos atrapados a su voluntad y en esa trampa perdemos la libertad y se destruye la democracia. De ahí la importancia de que se actúe con contundencia contra el que miente en política. En el mundo anglosajón existe la figura del «impeachment», que permite el procesamiento de altos cargos públicos. Impeachment significa literalmente bochorno y en su origen consistía en el procesamiento por el derroche en caudales públicos. En democracia nadie puede representar a los ciudadanos ni administrar lo que es de todos, si es una persona cuya indignidad nos abochorna. Tampoco puede defenderse con la impunidad del cargo y si, además, es presuntamente corrupto, se acentúa la gravedad del proceso. La mentira, la mala gestión, se paga en política y su precio es la puerta de salida.

En otros ordenamientos políticos democráticos existe la revocación, un procedimiento de saneamiento que elimina a quienes incumplen anticipando elecciones. Y eso no es vivir en la inestabilidad. Se vive en la inestabilidad cuando se coexiste, abochornado, con gobernantes que no nos merecen respeto porque son indignos del cargo que ostentan. En España, la revocación está en manos de los partidos políticos, mediante mociones de censura de los propios grupos para sustituir a su «indigno jefe de fila», más para eso hace falta una militancia bien armada y consciente de que es más importante la democracia que el reparto de poder en el interior del grupo político.

Los ciudadanos ya estamos al límite de soportar engaños. No aguantamos ni más recortes (aunque sean encubiertos) ni más mentiras ni más deudas que cubren las ineficiencias de los que nos gobiernan. Por eso queremos auditar las cuentas, las deudas, las estructuras de organización, las concesiones, los contratos, los nombramientos y las relaciones del poder político con el poder económico. Queremos las cuentas bien claras. Porque la ciudadanía es respetuosa con sus instituciones, pero el respeto no hay que confundirlo con tontuna. Y muchas partidas presupuestarias y decisiones de gasto son auténticas ruedas de molino en las cuentas públicas. Ante este panorama surge la pregunta de si es posible trazar algunas líneas en la regeneración de la vida pública, cuya respuesta es más democracia. Si no hay más democracia no saldremos del túnel de la actual degeneración política.

Las nuevas energías son una esperanza que nos debe conducir a un nuevo horizonte con una representación más abierta, en donde la ciudadanía se sienta como un elemento activo y no mero invitado a una mesa, donde paga su cubierto y aplaude sin posibilidad de crítica. No es momento de adhesiones sino de pedir y rendir cuentas. Porque de la democracia representativa hemos pasado a la democracia formal, una democracia falsa, la «posdemocracia» que nos describía COLIN CROUCH (2004) con su habitual clarividencia, en donde quienes nos engañan, se engañan a sí mismos componiendo la estupidez de hacer trampas en el solitario juego de administrar lo público.

Ahora tenemos que pasar de la democracia espectáculo a la democracia real, porque ya no queremos ser súbditos de un sistema sino soberanos de nuestro destino y, desde ese orgullo ciudadano, tendremos mejor convivencia, más unión, menos separatismos, más eficiencia y mucha más transparencia. Pienso que hay que escapar del sentimiento de impotencia. Cada uno puede hacer mucho y todos juntos podremos hacer historia, para que nunca vuelvan a instaurarse como garrapatas en la vida política, aquellos que mienten y además los imputan. Tú, lector, con tu participación, puedes decidir que esta sociedad recupere su decencia.

11.3. DERECHO A SABER, EVALUAR Y CONTROLAR

Impulsar medidas para ir evaluando cómo nuestras instituciones cumplen con el objetivo de abrirlas para que los ciudadanos las controlen y se informe, rindiendo cuentas y aplicando códigos de ética, es el deseo ciudadano del derecho a saber, evaluar las políticas públicas y controlar su gestión.

Tenemos que combatir con entusiasmo los métodos corruptos que se han enquistado en la vida pública y privada de nuestra sociedad. Ese abuso de poder en beneficio privado, directo o indirecto, tenemos que justipreciarlo para que la corrupción sea punible legalmente, por la vía que en Derecho proceda, porque actúa en la captura del Estado, de sus instituciones, jugando con la evasión. Y además lo disfraza, bajo fórmulas de encubrimiento ideadas para ocultar sus intenciones, sirviendo también para financiar a políticos, partidos, comprar voluntades o, lo que es más grave, influir en la opinión pública culpabilizándola de que somos todos quienes incumplimos las normas.

Esa imagen que «justifica» que estamos en una sociedad corrupta y tenemos la representación sociológica propia que nos merecemos, no es la imagen de una sociedad democrática moderna sino, lamentablemente, la de una sociedad descontrolada en manos de expoliadores y de estructuras dominadas por comisarios políticos, los cuales no ejercen el control porque han sido nombrados por los mismos que tienen que ser controlados.

Lo que genera una mayor percepción de la corrupción, nos dice KLITGAARD (1994), es «la existencia de la discrecionalidad sin control real en la Administración», porque es cuando se fortalece una clase política con privilegios exorbitantes e incontrolados. Si queremos sujetar la corrupción tenemos que reducir la discrecionalidad y empezar por eliminar los cargos de libre designación. Para esos cambios se deben buscar nuevas vías. Por ejemplo, que los miembros de las instituciones de control sean propuestos por las minorías y la sociedad civil, evitando el absurdo en el que vivimos de que son los controlables quienes nombran a los controladores. Desde esa visión queremos participar en una transparencia, una nueva forma de gobernar, de administrar y de gestionar el Estado y sus asociaciones políticas, porque elevando esos valores fortalecemos y damos vitalidad a nuestra maltrecha democracia.

La transparencia es una acción conjunta, compartida entre la comunidad política y los representantes políticos, con independencia de la esfera de la administración en la que nos movamos. La transparencia es un componente de la gestión pública, tiene que estar presente en la hoja de ruta de todos los políticos y de las instituciones, tiene que ser el punto primero de sus agendas. Y para los ciudadanos es un ideal de hacer cumplir en todos los ámbitos de la vida pública: normas, gestión, eficiencia y justicia social, que están definidas en nuestras pautas constitucionales.

En estos momentos en los que la vida pública y política se ve gravemente afectada por numerosos casos de corrupción, urgimos a los partidos y a los responsables en las instituciones públicas, que este impulso que se ha iniciado, sea una inequívoca, firme y contundente actitud para atajar este preocupante fenómeno tomando medidas efectivas, consensuadas e inmediatas, que pongan freno a esta insostenible situación. Los responsables políticos deben adoptar una actitud mucho más firme y ejemplar contra la corrupción a todos los niveles: institucionales, legislativos y políticos, para lograr de esta forma que se atenúe o mejor, se supere de una vez por todas, la evidente indignación y desafección ciudadana.

La sociedad civil y los ciudadanos, junto con los jueces, fiscales, fuerzas de seguridad, empresas, sindicatos, profesionales, medios de comunicación, universidades, etc., deben de consolidar un invariable e incuestionable frente social que pueda ir combatiendo legalmente a los corruptos, disuadiendo claramente a los que pudieran estar pensando en desarrollar este tipo de prácticas delictivas. Y los partidos políticos deben cambiar sus conductas y eliminar sus vicios de clientelismo para cambiar de forma drástica este grave escenario que, por otra parte, perjudica la imagen y la economía del país.

Capítulo XII

Juventud, participación y sociedad transparente

Introducirme en la parte más débil de la sociedad, que está soportando el mayor paro, el mayor abandono, y a la que le vamos a dejar el peor futuro, es un reto que tenía que asumir. Por eso en esta segunda edición del libro he incorporado este nuevo capítulo en el que abordo esa problemática que está tan deteriorada en nuestra sociedad: Los jóvenes. Esa parte de la sociedad peor tratada, menos integrada y con más carencias. ¡No se lo merecen! Los jóvenes sufren la crisis con indignación, y son excluidos por deficiencias o por miedos, y en ese reto de cambio de paradigma, hay que abordar las complejas relaciones que en nuestra sociedad se observan, y entre todos buscar soluciones.

Sin olvidar que en el desarrollo de nuestras sociedades se producen interacciones sociales muy complejas en sus entornos, y una de las características de la sociedad global que vivimos es por un lado su universalización y por otro su individualización. Individuos y masa social, son los dos polos de una sociedad que no encuentra su fórmula de integración. La pregunta que debemos hacernos es ¿Por qué?

¿Será por las desventajas de los entornos sociales que hemos creado en la convivencia de nuestras ciudades en donde la delicada interacción con los entes sociales no tiene una solución adecuada?

Tendríamos que examinar no sólo la biografía individual de nuestra juventud local, sino también su historia y el presente de su sociedad. Compararlo con los períodos en los que se produce con mayor intensidad la interacción entre las tendencias individuales, las adquisiciones psicosociales, las metas socialmente disponibles, las fortalezas y desventajas del entorno, los fracasos de la búsqueda de su futuro, el desencanto ante sus salidas para un primer empleo. Es la indignación de no conseguir su encaje a pesar de que ha hecho un esfuerzo por acumular un capital humano, y no encontrar una salida. La falta de políticas de movilidad intercomunitaria, y la ausencia de proyectos de desarrollo local en donde todos los factores se impliquen en poner los medios en coordinar un desarrollo compartido.

La globalización ha influido en que los adolescentes se encuentren expuestos a influencias multiculturales que los han envuelto en sus vidas sin comprenderlo adecuadamente. Ello ha roto la homogeneidad de las culturas y, por consiguiente, ha creado una inmovilidad de los roles, principalmente al no permitir procesos de transición racionales hacia lo que entendemos por emancipación y autonomía de la vida adulta. Se han redefinido los patrones de consumo y agudizado las diferencias en el acceso de oportunidades y en las condiciones de vida entre los grupos que disfrutan de ventajas socioeconómicas y aquellos que no tienen los bienes mínimos de subsistencia. Las diferencias de oportunidades en los jóvenes, son donde más claramente se empieza a ponerse de manifiesto las desigualdades y se reproducen y desarrollan los diferentes grados de vulnerabilidad y exclusión.

La participación social y política de la juventud en el horizonte del nuevo siglo no se ha compaginado con los cambios propios de la globalización y modernización. Por otro lado, los modelos económicos han ido acompañados de importantes transformaciones sociales y culturales. Las nuevas formas de interacción entre las generaciones, entre los sexos y entre las instituciones sociales, no se han traducido en políticas adecuadas para nuestra juventud, y dichas condiciones han desestructurado y modificado las perspectivas que predominan en la orientación y alcance de los derechos que nuestra juventud tiene, ampliándose esas brechas en las relaciones entre los sexos y entre las generaciones. Muchas de las políticas de violencia de género, violencia generacional, violencia familiar, violencia contra la autoridad, y sus manifestaciones explosivas de convivencia como el botellón, son una forma de revuelta del subconsciente colectivo de no encontrar más y mejor sitio de manifestarse que levantando un coctel alcohólico contra la sociedad que los oprime. Sus vidas arrasadas se revuelven contra una sociedad petrificada, que solo sabe mandar a la policía, al SAMU, y al servicio de limpieza. Pero no hay una respuesta de cambio, una nueva energía para empezar un nuevo camino en donde se integren en la nueva sociedad a crear entre todos.

Y quizá esto es así porque se piensa más que en los jóvenes, en la parte de la sociedad que con una mayor experiencia cree que el mantenimiento del orden es la solución de cualquier problema. Estamos en el momento justo de ir afrontando un cambio de dirección, de modo que en lugar de eliminar los efectos visibles de una situación que no nos gusta, vayamos a poner los medios para evitar una situación injusta.

No olvidemos que los beneficios del desarrollo tecnológico no favorecen por igual a todos los estratos sociales. Esto ha influido en la polarización socioeconómica al interior de las sociedades locales y en la ruptura de fronteras para los grupos económicamente más privilegiados. Así, la juventud con mayores recursos económicos se empieza a parecer más a los jóvenes con las mismas condiciones económicas de todas partes del mundo, son el club de los espermatozoides privilegiados. El acceso a la informática ha puesto en evidencia todas las desigualdades y los conocimientos vigentes lo confirman. Los grupos de menores recursos van quedando alejados de los avances, y son los que tienen más medios los que siguen avanzando por los peldaños sociales alejándose de la masa a la que detestan.

Este proceso exige que las sociedades en todo el planeta aborden en profundidad soluciones, porque no es un problema que se desarrolle más en unos sitios que en otros, hoy las redes sociales lo alimentan, sino que lo encontramos generalizadamente por todos los lugares, y esa dualidad, pone de manifiesto su desigualdad, y a veces explota con agresividad, lo que nos plantea un gran desafío en la concepción de las políticas y programas de juventud. Se hace necesario reconocer la situación de los jóvenes, la heterogeneidad de sus grupos, y en estas condiciones la homogeneidad resta equidad y se requieren políticas diversificadas. Son políticas que deben tener presente algunas cuestiones como:

- Globalización, modernización, auge del mercado internacional y ruptura de fronteras para los grupos de mayor nivel económico.
- Polarización socioeconómica.
- Nuevas formas de participación-comunicación-interacción entre: las generaciones, las y los jóvenes, sus instituciones políticas y en general con la sociedad civil en la expresión de esas políticas y con la participación de la ciudadanía.
- Nuevos paradigmas y perspectivas para la juventud.

Las políticas de juventud se han modificado, se han reducido y se han devaluado, con la reducción del Estado de Bienestar. Su oferta se ha fragmentado y sus servicios cercenados, en un momento en el que difícilmente los jóvenes vislumbran un horizonte claro. El futuro como meta orientadora se ha tornado incierto para ellos por la velocidad de las reestructuraciones sociales y culturales y la crisis económica de los últimos años que ha agravado el déficit de inserción laboral que acarreaban desde hace décadas.

El paso del modelo de Estado de Bienestar al modelo actual demanda que la construcción de las políticas sea un trabajo conjunto de la sociedad civil y de los gobiernos, con lo cual la participación ciudadana y la puesta en escena de oportunidades revitalizadoras de la juventud es relevante. Las instituciones políticas y la sociedad se encuentran ante el desafío de dar inclusión prioritaria a los derechos humanos en las políticas y legislación para la juventud.

12.1. EL CAMBIO EN LOS PARADIGMAS Y SU IMPACTO EN LAS POLÍTICAS DE JUVENTUD

La juventud encuentra su ubicación en el tejido social de las relaciones según los diversos paradigmas que actualmente coexisten y compiten en las actuales políticas sociales para su desarrollo en los diferentes periodos de su vida, y que podemos concretarlos en: Adolescencia como un período preparatorio.

Se identifica la adolescencia como un período preparatorio, en donde los adolescentes son percibidos fácilmente como niños grandes o adultos en formación. Tal enfoque se sustenta en la forma de enfatizar a la adolescencia como un período de transición entre la niñez y la adultez y su preparación para alcanzar apropiadamente el status adulto y la consolidación de su desarrollo. Pero se aprecia un vacío de contenidos para que esta etapa se desarrolle en la integridad que se precisa para forjar a los nuevos ciudadanos. Y realizo esta afirmación, porque el saber no está sólo del lado de los adultos. Está de ambos lados, y eso implica que la relación tradicional en que el adulto prepara al joven, lo realiza con el esquema de vida de lo que él ha alcanzado, y que los adolescentes aportan poco, porque no les hemos dado juego en esta relación de derechos y poderes.

No podemos seguir repitiendo el pasado de los abuelos como un futuro de los niños, cuando hoy, los cambios son tan rápidos que ni siquiera podemos repetir como modelo el de los padres, «la rapidez de los progresos técnicos y científicos obliga a los adultos a una formación permanente. Por lo tanto, cada vez es menos posible distinguir la adolescencia de la edad adulta en función de la preparación para la vida». El dinamismo del cambio hay que asumirlo como un principio en las relaciones, en la formación y en los programas que impulsen el desarrollo de la juventud. Es una educación dinámica, que supera a los propios educadores si no avanzan a los ritmos de la vida actual.

No podemos jugar al reduccionismo como una postergación de los derechos de los niños y jóvenes, al considerarlos carentes de sus derechos por no ser mayores y con capacidad para ejercerlos. Podemos encontrar estas situaciones de diferenciación de lo juvenil y lo infantil, marcadas incluso por el mercado y las industrias culturales, quienes también los diferencian y «ofrecen» productos «exclusivos» y particulares para su consumo. Podemos observar como en todas las culturas, comunidades o tradiciones familiares, se han constituido «ritos de paso»; cada rito encierra un sentido mítico, y en la expresión de ese pensamiento mítico se puede encontrar las formas de integración de los sujetos en la sociedad: cuando se cumple una cierta edad; se ingresa a un ciclo educativo; o la iniciación en la vida sexual activa con la «pérdida» de la virginidad, antes; la primera menstruación; el primer trabajo; y la entrega de un juego de llaves de la casa, y tantas cosas que podemos recordar que dan motivo de permitir esa escalada de libertades e independencia de las ataduras de la adolescencia.

La juventud es un tiempo de decisiones, responsabilidades y experimentación propias: estudiar y qué estudiar; trabajar y en dónde; búsqueda de la pareja, de cómo vivir la sexualidad, tener o no tener descendencia; el desarrollo de aficiones o el tipo de vicios de consumo que mantenemos públicos o privados.

Por otro lado, cada joven siente y exige mayor autonomía; se involucra en relaciones socializadas en organizaciones, clubes o grupos; frecuenta discotecas, fiestas y conciertos. Esa búsqueda de autonomía es, de hecho, lo que los va llevando a dejar esa «moratoria social» y los involucra en el mundo adulto.

Las políticas integrales o de transición, nos dice G. NAVARRO (2014), impulsaron expectativas que se cumplieron muy parcialmente lo que dio paso a la etapa de las *políticas afirmativas* que se centran en las necesidades específicamente juveniles, en sus intereses como colectivo con una identidad propia que le confiere un protagonismo en la sociedad, más allá de su proceso de transición a la vida adulta. Según G. NAVARRO, de entre estos enfoques surgidos a lo largo de la historia de las políticas de juventud en nuestro país, habría que tender hacia aquéllas que son de carácter más integrador, como las denominadas «*políticas de transición afirmativas*», que pretenden captar la realidad juvenil actual para responder de manera integral a las necesidades de los jóvenes, interpretando también como necesidades juveniles sus expectativas, sus aspiraciones y sus deseos, introduciendo un elemento progresista que facilita la dimensión estratégica de las políticas de juventud.

Según García, Del Hoyo y Alonso (2013), la implicación social motivada por la participación de los jóvenes en las redes sociales *online parece* requerir de una motivación previa hacia actividades solidarias, asociacionismo y movilización social y cívica. Los jóvenes parecen utilizar las redes sociales virtuales fundamentalmente para la participación que tiene que ver con el mantenimiento de las relaciones sociales, pero el camino, nos dice G. Navarro (2014) para la participación social, cívica y /o política está abierto. Y esa brecha abierta está en la cultura de la escuela y la cultura que se vive en los barrios, se vive y se comportan con sus propias decisiones, imbuidos por los complejos mediáticos multinacionales, nos explica Martínez Rodríguez (2011).

Pensar en la Juventud es impulsar un compromiso social, con un cambio y una transición a la vida adulta, con el compromiso de impulsar una política integral de proximidad en las redes de trabajo y del capital social del mundo juvenil. Además de políticas con valores de fondo, que desarrollen políticas de empoderamiento, que sean capaces de asumir el conflicto, buscando espacios de confluencia, y por último políticas creativas, orientadas al aprendizaje social como factor clave de la construcción de ese espacio social de la juventud.

12.2. LAS RELACIONES INTERGENERACIONALES COMO CONTEXTO DE LA PARTICIPACIÓN ADOLESCENTE

La exigibilidad de los derechos lleva a un nuevo concepto de participación y replantea las formas de interacción que caracterizaban discriminatoriamente a las relaciones intergeneracionales. Los cambios sociales han sustituido las bases del llamado conflicto generacional que se expresaba en la lucha de los jóvenes por el poder adulto. Mucho de lo que se ha dado en llamar la desafección política juvenil es el abandono de esa lucha.

La incertidumbre de la vida actual, el vivir en una constante obsolescencia de todo lo que producimos y que ha afectado incluso a los valores, y repercute en la imagen que los jóvenes tienen de los adultos, porque el concepto de autoridad que les queremos imponer, son normas que no encajan, y el descredito social que impera hace que las relaciones entre adultos y jóvenes se encuentre distorsionada. Las incomprensiones generacionales las hemos trasladado a lo más importante, a la forma de construir una sociedad conjuntamente, y estamos marginando las energías de la juventud en este siglo XXI donde es esencial canalizar estos nuevos impulsos generacionales.

Las políticas de género han puesto al descubierto el sexismo (y la gravedad del machismo), y por otro lado, un enfoque moderno de la juventud va señalando los problemas específicos que se presentan actualmente en las relaciones intergeneracionales y que dificultan dos cosas importantes, el compromiso con el desarrollo de la sociedad y la forma de participación para construir un futuro solidario.

Es el adultocentrismo como una categoría premoderna o moderna que en nuestras sociedades marca una relación asimétrica y tensional de poder entre los adultos y los jóvenes. Es una visión del mundo montada sobre un universo simbólico y un orden de valores propio de una concepción patriarcal. Sin tener que ahondar demasiado, es la idea de excluir a las mujeres por razón de género y a los jóvenes por la edad. Quedando como dominantes la representación de los adultos como un modelo, que los jóvenes lo ven acabado, que es el que controla el cumplimiento de las tareas sociales, y orienta la visión de futuro para establecer los programas y políticas, así como los enfoques de fomento y protección del desarrollo juvenil. Esta perspectiva está en crisis como producto de los cambios socioeconómicos y políticos desde hace décadas, y no hemos encontrado soluciones.

Estas situaciones comentadas nos avocan a la discriminación etaria y a las murallas generacionales, que son el producto de la dificultad que existe hoy para escucharse mutuamente y prestarse atención empática. Esta comunicación que se encuentra bloqueada hace que los discursos se reproduzcan en paralelo y no se encuentren, dificultando la construcción conjunta integradora de la sociedad moderna y no encuentra el modo de superar las tensiones, frustraciones y conflictos que se han hecho crónicos.

Por ello la participación juvenil en la construcción de las respuestas no es sólo para profundizar en lo que supone un avance democrático, sino que se ha convertido en una necesidad. Sin la participación activa de los jóvenes y los adolescentes para cubrir adecuadamente las metas de vida y consolidar el bienestar de una sociedad con futuro, no será posible el desarrollo humano de calidad ni el desarrollo efectivo de nuestras sociedades.

Para impulsar políticas y programas de juventud es necesario romper con la actual situación y sus peligrosas consecuencias. Si no se cultiva una participación positiva y efectiva, los y las jóvenes pueden desarrollar un declive social aterrorizante. Esa deriva aterrorizante es, sociológicamente hablando, una forma de *empoderamiento de su visión social*, un mecanismo de autoafirmación, la negación de la devaluación de su status en una sociedad que no les da su espacio, y la forma de apropiarse de lo que encuentra a su alcance. Ante esa carencia por la inclusión, se detona que la juventud utiliza su exclusión social como una forma de hacer visible su marginación, y las acciones violentas, las apariencias desafiantes, la defensa de la territorialidad del cuerpo (por ejemplo, los tatuajes) y de los espacios que se apropian como okupas sociales, son una llamada de atención a una sociedad que no ha sabido dar una solución generacional a los que no han aceptado lo que se califica de «normal».

Los jóvenes que se sienten sin reconocimiento positivo y no son escuchados, al sentirse desvalorizados, construyen su poder y su identidad al ver el rostro del temor en los demás. La perspectiva estigmatizada de la juventud como problema social tiene un efecto *boomerang* y nos arrastra hasta tener que priorizar ese control semipolicial sobre lo que han calificado como una perturbación social, cuando esa perturbación causa en los jóvenes más desafección al sistema, no fomenta ningún desarrollo positivo, y no resuelve las situaciones ni reconocer el valor de la juventud como sujetos de derechos y capital humano.

La aportación de la juventud a la sociedad contribuye a una aceptación positiva de la vida con una hoja de ruta para su desarrollo y en ese proyecto se hace imprescindible la participación efectiva. Es, además, necesario no inducir a los jóvenes a que imiten a los adultos, una cosa es un reconocimiento positivo de los adultos, y otra es someterlos a un mimetismo que les trunque su imaginación y progreso. Las diferentes modalidades representativas de participación pueden aportan mucho en la solución de estos problemas. Es necesario reconocer, y no bloquear, las auténticas formas constructivas que proponen los grupos de adolescentes y jóvenes.

La ausencia de un proyecto social que integre constructivamente el sector de nuestra juventud puede ser considerada parte de una crisis social que incluye en la fractura de las vías de interacción de un modelo inexistente de juventud. La participación social real de los jóvenes discurre, cada vez más, en contextos informales y en metas innovadoras muy virtuales. Se hace necesario profundizar en los procesos de construcción de conocimientos sobre la juventud para derribar los muros y poder desarrollar un movimiento juvenil integrado e impulsor de la nueva sociedad. Las consecuencias de la ausencia de estos planteamientos de los derechos y deberes de los ciudadanos terminan expresando múltiples problemas que hacen ingobernables nuestras sociedades y muy difícil de convivir en nuestras ciudades. Los recientes conflictos de explosión del integrismo radical islámico se alimentan de los fondos que hemos creado con brutalidad y mucha complejidad en la economía radical europea. Cada vez que expulsamos del sistema y condenamos a la marginación, alimentamos al monstruo del radicalismo, y desde esa masa de expulsados se alimentan los fanatismos que se han convertido en la nueva guerrilla que ataca a una sociedad insensible que ha caído rendida bajo el influjo pernicioso de una nueva concepción del Estado en donde no aparece un nuevo contrato social. Es la desesperación de comprobar que las necesidades no llegan a cubrirse en las economías familiares, que la inclusión social se hace más difícil, que a la juventud se le trata abruptamente, y cada vez se sienten expulsados, y esos excluidos van constituyendo por sus afinidades, sociales o religiosas, sus propios espacios, que se convierten en peligrosos cuando se enciende la mecha del odio. No olvidemos las causas, para poner los medios adecuados.

Reconocer los derechos y capacidades de los jóvenes y no bloquear sus aspiraciones contribuye a potenciar el desarrollo colectivo. Es la diversificación de proyectos, con participación efectiva de jóvenes y comunidades, proyección y vinculación a las políticas, articuladas entre sí y enriquecidas con los nuevos paradigmas de una sociedad operativa y que camina hacia un futuro, lo que va a permitir los procesos acordes con las necesidades de desarrollo actual de los jóvenes y coordinados con las generaciones que los han precedido. Es la cultura de la participación, en donde las tres generaciones que conviven en nuestra sociedad se necesitan, se ayudan, se complementan y se fortalecen.

Es el fomento de una cultura de equidad entre los géneros, la erradicación de la discriminación etaria, así como la ampliación de la participación ciudadana, todo ello permitirá ir fortaleciendo lo ya alcanzado. La promoción del desarrollo humano en la fase juvenil no puede ser exclusividad de un sector y la educación es la base de las políticas globales educativas con un replanteamiento integral del posicionamiento actual de las juventudes.

La convergencia entre los organismos públicos, las organizaciones de la sociedad civil y la consolidación participativa de los derechos sociales desde las iniciativas de los municipios permitirá avanzar en el establecimiento de políticas de Estado que incorporen las características y potencialidades de la juventud con el compromiso de las comunidades autónomas, y con la garantía de que las estrategias orientadas en cada espacio local alcanzan el desarrollo integral que la comunidad está pidiendo.

Nuestra juventud requiere una reflexión profunda, pide su espacio, pide sus prioridades, quiere que se le informe, rechaza los engaños que la sociedad ha montado, no quiere saber nada de los antiguos sistemas, y ven la política con otros ojos. La imagen que damos la quieren borrar, no quieren repetir el pasado, pero pueden cometer errores similares, porque las malas semillas no las hemos cortado de raíz, hay que limpiar el sistema, tenemos que esforzarnos, para dejar una sociedad más transparente, más solidaria y con menos desigualdad, y en ese camino será más fácil ir de la mano, porque juventud, madurez y experiencia, son el complemento social que fortalece el desarrollo local. Hay que tener valor, entendido como esa fuerza que transforma la sociedad y conseguiremos ese impulso creativo que tanto necesitamos.

12.3. IMPULSANDO UNA RUTA DE LA TRANSPARENCIA

Porque avanzamos con un deseo: construir una nueva sociedad, una respuesta a los anhelos de participación ciudadana en la vida pública, para una nueva cultura. Por ello, los jóvenes son nuestra esperanza y tenemos que poner los medios públicos para asegurar ese objetivo de conquista por la ciudadanía más activa. Es la hora de la participación y la transparencia. Es el momento de la emoción del cambio. Un nuevo modelo cultural que debe reforzar el papel central del ciudadano como soberano de un sistema de democracia activa. Así por lo menos lo pienso. Pero sin olvidar que la transparencia hay que tratarla con sumo cuidado. En nuestro mundo globalizado y de las redes, la tecnología puede convertirse por exceso de acumulación en una nueva forma de ocultación. Hay que buscar los espacios propios como nos aconseja Arrendt (1993), tenemos mucho que renovar y mucho que reformar, porque la crisis nos ha dejado un mundo en desajuste.

Estamos renovando una nueva forma del «contrato social» para que la ciudadanía coparticipe de forma permanente en la toma de decisiones. Hoy tenemos los medios materiales para la participación permanente;

sólo falta la voluntad de ponerla en práctica; la voluntad de la clase política para erradicar la deriva corporativista que la mala gestión de algunos políticos ha convertido en incomunicación, desconfianza, opacidad y corrupción, motivado por una absoluta ausencia de control ciudadano.

Precisamos compartir para que los resultados sean el producto de las ilusiones de todos. Ilusiones en lo social, en la nueva economía y en una política abierta a las prioridades de sus ciudadanos. La única forma de rescatar a la sociedad de la crisis es precisamente, cambiando la manera de hacer política, es un giro del modelo, que debe moverse con los ejes principales de la transparencia, y la participación, para revitalizar la representación.

La ciudadanía trata de llegar a los presupuestos, a lo que es suyo, a sus gastos, porque considera que «su tierra ha sido invadida». El presupuesto es de la ciudadanía y hay que compartirlo en las decisiones prioritarias, no se puede gestionar por más tiempo sin la participación ciudadana. Quiero que esta sociedad rompa con esa dinámica sin pagar ningún coste de rotura del sistema. Quiero un cambio. Un nuevo contrato social que controle la ciudadanía.

Es un momento en donde hay que saber que la ética de los principios se tiene que coordinar con la ética de la realidad de los acuerdos, en donde los principios que se sumen contribuyan para conseguir ese cambio que deseamos. Es un camino para el equilibrio de la institución representativa y la participativa. Es la vía directa de la comunicación que debe funcionar entre los representantes políticos y la ciudadanía. Es conjugar la forma de la sociedad civil en sus muy diferentes formas de organización y la acción directa desde sus municipios y barrios. Es la democracia que distribuye beneficios sin que el ciudadano sufra un coste desigual. Es una política de las decisiones y prioridades, frente a los recortes y la imposición.

No propugno un cambio traumático sino equilibrado y armónico en el que la demanda de transparencia se vea correspondida por una creciente oferta de lo mismo por parte de sus gestores políticos y trabajadores públicos.

Se precisa un cambio en la política, en donde todas las voces se puedan oír en armonía; hoy la voz de la ciudadanía es la parte esencial para fortalecer una sociedad muy desestructurada. La participación ciudadana es un motor de ese cambio.

Y para no dudar hay que tener una guía, una «ruta del trayecto» y esa ruta hay que recorrerla con la visión suficiente de avanzar, de comprometer a la ciudadanía y de reformar a sus administraciones públicas. Estoy hablando de un cambio en el que se enmarcan los Presupuestos Participativos, la participación ciudadana, el buen gobierno y la rendición de cuentas, como un poliedro social, en el que el ciudadano participa, decide y controla y el funcionario y el político, se integran, colaboran y rinden cuentas. Son las caras de la esencia de la transparencia.

Los objetivos para desarrollar la «ruta» de la transparencia en nuestras instituciones públicas las podemos detallar en los siguientes pasos:

1º Decisión Política. Para ser transparente se precisa del impulso político. Quien tiene la obligación de activar el motor de la transparencia es quien detenta el poder de gobierno en el municipio, territorio o instituciones, pero gobernar, es compartir, y el protagonismo debe compartirse con los grupos de la oposición. Por eso es un compromiso el acuerdo de iniciar la «ruta», dar un primer paso, pasando de trabajar hacia «dentro», donde solo se rinden cuentas en los procesos de comprobación y auditorías internas, a trabajar «hacia fuera», donde la ciudadanía participa en las decisiones, controla y evalúa los criterios con los cuales se gasta e invierte. Ello se logra, incrementado la oferta de transparencia y alentando a los ciudadanos a que la usen y a que la conozcan y exijan. Y no excluyendo a nadie en el proceso.

Para hacer esta ruta con responsabilidad hay que asumir compromisos:

a) De liderazgo. Quien lidera tiene que creérselo y practicarlo, además facilitar los cauces adecuados. Reglas de juego bien claras, límites, interlocutores, y claridad en los procesos.

b) De responsabilidad. Todos los que intervienen en el proceso, tanto los políticos como los funcionarios, tienen que asumir que caminan por esta «ruta de una Institución Transparente y Participativa».

c) De política. El buen gobierno tiene que tener como soporte un código de ética y es recomendable un Pacto de Transparencia con la ciudadanía, que especifique lo que cada actor se compromete.

d) De generosidad y ausencia de egoísmo. Quien gobierna hoy, lo hace bajo premisas en las que no se contemplaba este nuevo contrato social; en las que, durante cuatro años no estaba obligado a dar cuenta a los ciudadanos.

2º Evaluar. Para saber en qué situación nos encontramos tenemos que evaluar las instituciones. En esta reflexión hay que ser sinceros, el autoengaño no tiene sentido. Un guion del trabajo a realizar y las áreas puede ser:

a) Transparencia en los cargos políticos y puestos de libre designación o de confianza (asesores).
b) Organigrama de funcionamiento y de personal.
c) Planificación y programas de trabajo.
d) Información económica, financiera y contable, al máximo detalle.
e) Los controles de eficiencia y eficacia realizados en la gestión.
f) Contratación.
g) El desarrollo urbanístico. Obras públicas y servicios.
h) Open data.
i) Normativa de funcionamiento y de nombramientos. Promoción del personal.
j) Plan de difusión de la "ruta de la Transparencia".

Esta «ruta» nos conduce a un proceso de implantación y con un grado de avance y de entendimiento con la ciudadanía, además de un plan de excelencia, que genera confianza, porque no olvidemos, que la confianza es la base para crear los pilares de la nueva sociedad.

Sin olvidar, que estas acciones no se hacen sin equipos de trabajo, sin animadores internos y externos, sin un portal, sin una página Web y sin un marco de acciones donde se publique la normativa, se priorice, y los procedimientos sean claros, sencillos y se respeten. Se trata de recuperar el prestigio de las instituciones perfeccionando el funcionamiento de la democracia por los retrasos importantes que se han producido y los casos graves de corrupción. Es un reforzamiento de la separación de poderes y la apertura de lo público a la sociedad. Es un Gobierno Abierto en desarrollo del artículo 23-1 de nuestra Constitución, creando espacios permanentes de participación donde se integren inquietudes y propuestas de la ciudadanía potenciando las redes sociales para escuchar opiniones, debatir y dar cauces a iniciativas.

Hay que definir e impulsar los cambios legislativos para incorporar mejoras, independencia y nuevas competencias, porque la transparencia es una visión poliédrica del compromiso social con la sociedad. El ciudadano quiere caminar por esa ruta coordinadamente con más transparencia, más información, más desarrollo de sus derechos, mejor gobierno, en donde la ética presida las acciones públicas, y un gobierno abierto a las instituciones.

Se trata de recuperar el prestigio en las instituciones y perfeccionar el sistema democrático, evitando los retrocesos importantes en los derechos sociales y laborales, así como los casos graves de corrupción, y un ataque a la separación de poderes, y los muchos abusos inadmisibles y descontrolados de poder. Impulsar la regeneración implica el compromiso en la defensa del interés público para que la representación de los intereses de la ciudadanía se plasme en las decisiones de sus instituciones. En este compromiso de regeneración hay que exigir apertura de las instituciones –transparencia– y control –rendición de cuentas. Además de facilitar el desarrollo del derecho a saber y a estar informado, para derribar los muros de la manipulación. Es un modelo abierto, accesible, con formatos en redes y con objetivos comprensibles y compartidos.

La alternativa es una sociedad dinámica, compartida, integradora, innovadora, creadora de futuro, con una economía sostenible, y con un proyecto en donde todos se vean actores de su futuro, porque las nuevas formas de convivencia abierta, dependientes de la influencia de las redes sociales, nos configuran una sociedad sin barreras. En pocas palabras, se puede resumir que la sabiduría y sentido común han puesto en evidencia las falacias de un sistema opaco, basado en políticas manipuladoras, y ha llegado la hora de proponer soluciones y desenmascarar a los que con un discurso del miedo nos quieren seguir dominando. La solución es más transparencia, porque sin transparencia no hay democracia.

Capítulo XIII

En clave de futuro: Transparencia e integración con la Unión Europea

La economía, la política y la sociedad viven un periodo de fracaso. El hundimiento del sector financiero ha puesto de relieve que la organización productiva es deficiente y que la globalización no ha trasmitido sus efectos positivos. Duran demasiado las ineficiencias del sistema, su falta de transparencia, los nichos de corrupción organizada, la competencia desleal, el desgobierno de lo público, el dominio de los monopolios disfrazados... un complejo mundo donde no se trabaja con seguridad ni confianza, las cuales son fundamentales para que el sistema sea estable. Aprender de los fracasos es una de las lecciones que recomienda cualquier educador. Son momentos de reflexionar.

En lo económico, el fracaso debemos transformarlo en experiencia y en lugar de perseguir al que no tuvo éxito, mejor rehabilitarlo para seguir con otro proyecto nuevo. Hay que cerrar menos empresas y abrir más proyectos. Enfocar la productividad, las reformas –que no recortes– los estímulos, la innovación tecnológica, planificar el modelo económico al desarrollo local y territorial, pensando más en la visión que tenemos dentro de la economía del planeta. Así la globalización se verá desde cada territorio, como algo positivo que aporte nueva energía.

El fracaso político se ha caracterizado por desandar las conquistas democráticas. Hemos pasado de la ilusión por la democracia y las libertades a una baja intensidad política y una presión y control que amordaza a las demandas sociales; hemos pasado de ver con ilusión a la Unión Europea a verla como un frío instrumento de devaluaciones internas en salarios y servicios. Y en los territorios nacionales nos hemos enfrentado quedándose cada uno con lo que se ha apropiado y todos reclamando la deuda histórica, como si del reparto de la herencia se tratara. Ya no tenemos ríos comunes, ni medioambiente común, ni cultura, ni sociedad, la desigualdad, lo «diferente», nos ha envenenado y se apagan con facilidad los lazos históricos porque cada uno quiere hacer valer su propia historia.

Vivimos un fracaso social y tenemos que buscar las claves para hallar la puerta de salida. Una salida que si no es global no es salida. Será huida. ¿Por qué huida? Porque observo, ojalá esté equivocado, que en España se está extendiendo el desánimo en la sociedad, con una reacción de rechazo al sistema y a sus estructuras, mientras que los movimientos de cambio, legítimos, pueden traspasar los límites porque no se gobierna integrando sino excluyendo. Y lo más sensato que tenemos es nuestra ciudadanía que está esperando para verse libre de los ineficientes y del coro de los corruptos.

Aprendamos de los errores para que el ciudadano impulse de una vez los cambios necesarios para eliminar los abusos de poder, la opacidad y la falta de independencia, porque deseamos con fuerza reencontrarnos en un nuevo proyecto constituyente en el que se corrijan los fracasos del pasado, para construir una sociedad nueva.

Es la hora de la política, ese momento donde hay que examinar las propuestas. Y pienso que hay que construir el futuro con objetivos comunes, evitando caer en los errores del pasado, y tener bien claro cuáles son las reformas urgentes que tienen que estar presentes en el futuro.

Se percibe en la sociedad una sensación de desgobierno y, como consecuencia, los ciudadanos buscan las energías democráticas de una alternativa que impulse un nuevo horizonte que, sin ataduras, sea capaz de devolver a las instituciones la democracia, el Estado de Derecho en su plenitud, para culminar la labor de los constituyentes de 1978. Ese horizonte como meta implica asumir que la forma en que se gestiona la democracia hoy es parte del problema, pero también tiene que ser la solución incorporando dos actitudes esenciales: diversidad y solidaridad democrática. Dos elementos que no encontramos en la política nacional, pero tampoco en la regional ni en la gestión de los grandes municipios, donde se gobierna sin transparencia, sin coherencia e implicados algunos gestores en procesos judiciales que a los ciudadanos nos dejan sin respuesta

Es el momento de recordar lo que Bobbio (1985) nos avisaba: «Si cuestionamos la soberanía popular, nos introducimos en el escabroso mundo de los populismos». Y es que el proceso democrático es un método de concertación institucional para llegar a decisiones políticas y administrativas, de tal manera que si unas mayorías bloquean el proceso y expulsan al resto del juego democrático, no se puede pedir a los desalojados que asistan de meros acólitos a las decisiones institucionales.

Estamos tocando fondo y, hoy por hoy, no podemos ver con tranquilidad los escenarios político y económico. La situación de la Hacienda nacional, y la regional en especial, es caótica. La AIReF –Organismo supervisor de la UE– ha instado al ministro Montoro a que active los mecanismos legales de estabilidad presupuestaria, los cuales prevén que el gobierno aperciba por escrito para que se corrija la deriva del déficit presupuestario que aumenta sin cesar. Y si la AIReF llegara a detectar pasividad por parte del ministro, podrá impulsar la norma 20 de su Estatuto pidiendo responsabilidades. La Comisión Europea ha entrado en acción y, si alguno tiene alguna duda, lo puede consultar a los informes emitidos por la Comisión. Siete hacienda regionales están en el grupo de las comunidades que tienen pendientes sus planes de reequilibrio, y en vez de solucionar los problemas de financiación, se alarga con financiación a tipo cero, dejando los problemas para que los solucionen los siguientes. No dan explicaciones ni dejan que se controle, y las causas del endeudamiento siguen sin controlarse, y algunos pensamos que hasta que una auditoría ciudadana ponga blanco sobre negro la mala gestión de nuestras haciendas no se pondrá fin a esta cadena de despropósitos financieros.

Un sistema de financiación para 17 territorios y dos ciudades (Ceuta y Melilla), es complejo, sin duda, y desde el inicio de nuestra Constitución la financiación autonómica no ha sido un método pacífico. Sin embargo, posteriormente cambió el sistema y se incorporó la «corresponsabilidad fiscal» que significa que el que quiere dar mejores servicios tiene que saber recaudar más y mejor. O sea, tiene que ser un buen gestor no un cajero de ventanilla en recaudación voluntaria de tiempos de bonanza. Hay que cobrar y hay que saber gestionar, analizar los costes efectivos y ser eficiente. Porque no podemos acusar a otros de nuestras ineficiencias, o esperar a que el sistema cambie y nos sea favorable. Es cierto que el peso de la población en el modelo de financiación es un problema, pero no es todo el problema. El problema es que no se ha gestionado bien.

En más de tres décadas de gobiernos autonómicos no hemos encontrado las vías de convergencia con Europa. Y ni siquiera hemos mejorado en el ranking las economías regionales. ¡Algo no se ha hecho bien!

Porque un sistema democrático debe contar con los ciudadanos, practicar la transparencia y rendir cuentas. No queremos chapuzas y tampoco deseamos que los extremos lleven a la hoguera a la democracia existente, que con tanto esfuerzo creamos. Ante los movimientos que se observan, lo primero es pedir más democracia y después hablemos claro de cómo pagamos lo que debemos, conociendo antes por qué se ha generado esa deuda, pidiendo cuentas a quien corresponda para, con las cuentas claras, decir bien alto cuánto es bastante. Porque queremos unos territorios integrados que sean un sueño colectivo que podamos pagar.

13.1. REGENERAR LA POLÍTICA Y LA EMPRESA

Cuando se entremezclan política y empresa terminan tejiendo redes y comportamientos corruptos, por eso la separación del mundo político del empresarial es el primer eslabón a romper para cortar la cadena de los tráficos de compra de voluntades. Y ese, y no otro, es el motivo por el que debe prohibirse la llamada «puerta giratoria»: salidas de la política y entrada a los consejos de empresas y viceversa. Con las experiencias que vivimos, ni un minuto más debe durar esa permisividad.

Necesitamos que un nuevo código de ética corporativa plantee con urgencia que la transparencia de las sociedades es un objetivo de la economía nacional y debe informarse con más claridad las relaciones con los grupos de interés, sociales, económicos, políticos, religiosos y culturales. No se puede dejar que un problema que está debilitando al sistema quede en algo voluntario, precisamos de unos principios vinculantes. De esta forma no quedaríamos (como ocurre ahora) a la espera de la denuncia o el despecho para enterarnos del mal funcionamiento o del atropello de los derechos. No queremos volver a revivir con bochorno los escándalos de gestión temeraria y de aprovechamiento personal de instituciones como las Cajas o de empresas cotizadas y las implicaciones de los políticos que las regentaban.

El objetivo de las auditorías, las comisiones de control y la RSC no es hacer un marketing de empresa sino defender los intereses de los accionistas, en especial de los minoritarios que no participan en la gestión. Ahora toda la ciudadanía está inquieta, a consecuencia de la cadena de escándalos, porque no se entiende cómo empresas importantes están en los entramados de la compra de voluntades. Urge que todas las empresas del Ibex, o las que tengan más de 500 empleados, o con una facturación superior a los 40 millones de euros, o con un volumen de activos superior a 20 millones de euros, publiquen sus códigos de ética, sus controles de cumplimiento de su responsabilidad corporativa, las incompatibilidades que tienen sus empleados para ejercer ciertas funciones y que las auditorías no se queden indiferentes ante el incumplimiento de los códigos de comportamiento.

Quiero insistir en que la sociedad está asumiendo un concepto de responsabilidad, y no desea que todo quede en manos de controladores profesionales, pagados y designados por quienes tienen que ser controlados. La ciudadanía se está empoderando, no sólo en los derechos políticos sino en exigir que el sistema económico y financiero, al que está «salvando» porque es necesario para seguir garantizando el futuro, es «suyo», ya que al haber acudido al sector público, o sea al bolsillo del contribuyente, le da a éste un derecho. Un derecho social para exigir que los que tienen obligación de informar para rendir cuentas, sean propuestos, no por los que les contratan, y les pagan, sino por la parte independiente de la sociedad civil o por organismos independientes de consumidores, o por las minorías de accionistas.

Hay que iniciar sistemas de separación de poderes efectivos, en la política y en la empresa, para que independencia e incompatibilidades sean efectivas, rectificar cuanto antes la permisividad de interferencias que se viven en un campo tan sensible como es el control, la transparencia y la ética.

Luchar contra las prácticas permisivas que nos han llevado a los escándalos de corrupción no es tarea fácil, pero una cosa ha quedado de manifiesto: con las normas actuales el fracaso ha sido espectacular. Tan explosivo, que se llegó a decir «que había que refundar el capitalismo». Seamos más realistas. El sistema económico se define por dos cosas fundamentales: la transparencia y la confianza. Si las dos han saltado por los aires tendremos que restituirlas con nuevas normas. Las vigentes no nos valen. Y no nos valen porque ni reguladores ni inspectores ni auditores, ni los muchos controladores, denunciaron los agujeros negros del sistema cuando se estaban generando. Miraron para otro lado y protegieron la opacidad, porque el que paga manda. Solucionemos el problema antes de preguntarnos si merece la pena el sacrificio hecho para sanear y reflotar las finanzas y las empresas. Estamos a tiempo. Si lo vamos dejando, puede que de verdad se hunda todo el sistema por falta de confianza en los que administran y en los que nos gobiernan.

Ante el afán de «siempre más» que destroza nuestra convivencia social, me viene al pensamiento la reflexión de Nietzsche, quien decía que llegará un tiempo en el que el hombre dejará de lanzar más allá la flecha de su anhelo. Y no me refiero, naturalmente, al clamor legítimo de los que tienen escasamente para vivir y desean algo más cada día, sino al deseo de acopio de los que dominan la economía, quieren y acumulan cada día más. Y no solo riqueza, también poder, beneficios múltiples, influencias e impunidad. Vivir sin límites es un privilegio que tienen los poderosos de este mundo y que padecemos el resto, porque el plus de unos pocos es lo que falta al resto para una humilde, pero digna supervivencia. Porque al resto le queda el paro o el empleo con un salario reducido, unos derechos devaluados, una libertad limitada, dificultades para participar y disfrutar de la cultura...

Se trata de la batalla de las ideas en la que el punto central, progresista, es situar adecuadamente «la diana» del progreso. Un progreso que constituye las raíces de la izquierda, tan constitutiva, que se puede afirmar que no hay izquierda sin progreso. Su origen social fue para progresar en todos los conceptos y esa es su razón de ser, tengámoslo bien claro. El progreso como filosofía de la vida se identifica con todas las fuerzas de la izquierda, sin siglas.

La filosofía conservadora tiene un concepto de progreso desde una visión elitista, que se ha ido diluyendo socialmente a medida que su arco social se ensanchaba, pero sus raíces son esencialmente de la minoría dominante. Esos rasgos diferenciadores los podemos todavía comprobar si examinamos la extracción de muchos de sus líderes y es muy significativo que sus ministros son de extracción como diría Bourdieu (2014) de «la noblesse d'Etat», esos lobbies funcionariales de las Administraciones Públicas.

Los ciudadanos esperamos con impaciencia que izquierda y progreso se reencuentren en la dirección adecuada y que sus impulsores acierten bien en la diana. Los próximos retos electorales exigen acertar y no desviarse de los objetivos centrales. No sirve aproximarse, hay que dar en el centro porque está en juego el progreso, que es el futuro, y llega el momento de conocer lo que podemos sumar. Hay un deseo de que las decisiones sean acertadas para que la ciudadanía pueda progresar en la buena dirección, con una visión del poder desde la buena gobernanza.

El objetivo prioritario es crear empleo, porque si somos capaces de crear empleo tendremos crecimiento económico y si tenemos crecimiento económico tendremos una vida digna, cosa que ahora está muy difícil. Sin obsesionarse con otros indicadores, porque el termómetro del PIB no lo mide todo. No podemos reducir la capacidad del ciudadano de ejercer la libertad y además consentir que se someta voluntariamente a las desigualdades. Se precisa huir del fatalismo, de que no hay alternativa. Porque existen alternativas aunque se den más en plural que en singular. Lo que aparentemente es división de la izquierda puede convertirse en su fuerza porque, como dice WALZER (2010), avanzamos permanentemente caminando. Y es en ese caminar con la ciudadanía cuando se unen objetivos. Ya no se precisan propuestas cerradas, sino todo lo contrario: grandes objetivos en los que, respetando las señas de identidad, se consiga sumar para conseguir ese progreso social.

Las señas de identidad del proyecto de izquierda deben ser claras, sin zonas grises, porque cuando difuminamos principios se inicia una pendiente de recortes de derechos que terminan en los caminos equivocados por los que transita la derecha. Hoy el debate plural debe dar paso a una segunda vuelta donde las opciones progresistas acierten en la diana con un programa de propuestas. Acertar es importante, no hay que perder tiempo en la espera.

13.2. LA ESPERANZA DE LA INTEGRACIÓN FEDERAL

La misión del federalismo en la vida política hay que iniciarla con responsabilidad sin perder un minuto, porque si colaboramos todos allanaremos el camino y se lo dejaremos más fácil a las generaciones futuras. El objetivo es un mensaje de impulsar AVANZANDO. Avanzar, aunque sea con un federalismo imperfecto y que está gripado con los problemas fiscales y financieros. Según BARÓN (2015) la tardanza en superar la crisis en la Unión Europea está poniendo en peligro el equilibrio, y las medidas no son lo suficientemente eficaces para salir de la crisis, porque mientras su moneda se gestiona de modo federal, la economía y la política permanecen en el campo intergubernamental, y precisamente la crisis, lo que ha producido es un retroceso, rompiendo la confianza y la solidaridad, que fueron los pilares que permitieron la implantación de la moneda única.

Ahora lo que conocemos por la Troika, ha olvidado esos dos grandes pilares y es significativo que en los más de cuatro mil páginas del análisis y recomendaciones para salir de la crisis, realizadas por la mencionada Troika para el caso de Grecia por tomar un ejemplo, no hay ni una sola vez la palabra «pobreza» ni «paro», cuando se repiten incesantemente «reformas estructurales», «privatizaciones» «consolidación fiscal con condicionalidad». Y no es sólo para Grecia, sino que es una forma de expresarse en los diferentes documentos, como es el caso de los memorandos firmados por todos los gobiernos que han pedido ayudas, como es el caso del gobierno español. Esta forma de actuar ha sido calificada tanto por el profesor Habermas, como por el político Helmut Schmillt, «cómo una forma de austeridad carente del equilibrio social que se precisa para integrar las sociedades».

Tendremos que preguntarnos: ¿Qué ha pasado con nuestra economía en ese proyecto común de una Europa federada? ¿Qué ha pasado con la crisis? ¿Cómo no se tomaron medidas?

La Reina de Inglaterra, a su manera, se hizo esas preguntas y en carta del 22-7-2009 dirigida a los profesores de la London School of Economics, les decía: «¿me pueden explicar por qué no lo vieron venir?». La respuesta de treinta y cinco profesores de la London fue: «Confundimos la burbuja con un Mundo Feliz Nuevo». Cometimos dos típicos errores de diagnóstico: «extrapolamos tanto que caímos en la trampa de la propia retórica», y, por otro lado, los números cantaban un desmadre, pero los que dominaban el sistema convencieron a todo el mundo que habían creado «un riesgo sin riesgo», porque la innovación financiera había extirpado el riesgo del sistema. La Reina, con su flema característica, les dio las gracias por tan brillante análisis y tan sincera declaración. Los analistas económicos se confundieron, pero a los ciudadanos nos han arruinado la vida.

Hay que profundizar en el federalismo, sobre todo en su aspecto económico, como un magnifico antídoto, que nos refuerce en lo esencial: el federalismo democrático, un sistema socialmente controlado por las instituciones ciudadanas, para evitar que los «subidones de éxito», o las crisis, ya sean en el campo de la política, la economía o de las finanzas, se apoderen del sistema. Un federalismo con mecanismos conscientes de su responsabilidad y de la necesidad de su transparencia.

Desde hace tiempo nos avisaron del peligro de creer en la unión monetaria y económica sin ser precedida por una unión política. Fue en el año 1971 cuando el profesor KALDOR (1970), nos advirtió de que era peligroso hacer la unión monetaria y económica antes que la política. Decía el profesor, y el tiempo le ha dado la razón, que el control de los presupuestos nacionales generarían presiones que pondría en peligro el conjunto del sistema, y en vez de apoyar la unión, la dificultarían. Que es más o menos lo que está ocurriendo. Lamentablemente esa visión de Kaldor no fue tenida en cuenta, y se impuso el oficialismo de un optimismo en la creación de la unidad económica y monetaria. Maastricht fue un imperfecto tratado de cómo no se tiene que hacer una federación, y así lo podemos confirmar leyendo un magnífico ensayo de PISANI-FERRY (2011).

Se construyeron sistemas de deuda separadas, y sistemas bancarios separados, prestar era un riesgo igualmente valorable, daba igual que fuera en un territorio portugués, griego, irlandés o español. Es por ello que los excedentes comerciales se convirtieron pronto en flujos netos de capital que fueron justamente a las naciones deficitarias causando burbujas insostenibles, tanto en el sector privado como en el público. Nadie pone hoy en duda que el crecimiento de la UE fue producto de los excedentes privados, que guiados por una banca descontrolada impulsó las aventuras más alocadas que cualquier inversor pueda soñar. Soñaron, se enriquecieron con comisiones, invirtieron lo que no era suyo, y llevaron a la eurozona al desastre. Ahora se pretende que los que tenían avidez por recibir sean los que paguen los excesos de los imprudentes jugadores del casino financiero de aquellos años.

Queremos gestionar sin sufrimiento los equilibrios presupuestarios. Para eso se precisa esa unión política, ese federalismo que no llega, y que por esa causa seguimos mirando si los déficit por cuenta corriente con Alemania son positivos o negativos, o los de cada uno de los 28 entre sí. Hemos complicado el juego, cuando un federalismo coherente no produciría estos efectos, nadie se preocupa si California tiene déficit o superávit con el Estado de Virginia, por poner un ejemplo.

Estamos viviendo una fragmentación en la UE con un centro que se separa de la periferia, con unos costes humanos y una amenaza a una desestabilización global. Vivimos un planteamiento falso, no se acepta la naturaleza de la crisis y no hemos tenido la curiosidad ingenua de la Reina de Inglaterra de preguntarnos colectivamente: «oiga, digan a los ciudadanos lo que ha pasado de verdad en esta crisis». Porque lo que observamos es que hay una Gran Crisis, con cuatro subcrisis:

- Una crisis bancaria.
- Una crisis de la Deuda Pública.
- Una crisis de falta de inversión.
- Y una crisis social.

Estas cuatro crisis no pueden ser tratadas aisladamente, y alguna de ellas ni se abordan por el momento, cuando hay que tener una respuesta en su conjunto.

Crisis Bancaria: Es evidente que se ha demostrado la incapacidad a la hora de hacer frente a una catástrofe, por un problema de estructura y de gobierno. No hay un Banco central de apoyo a los gobiernos nacionales cuando enfrente existe una red mundial de mega-bancos que no puede supervisar la UE. Ante esa situación, es cierto que la medida ha sido audaz: crear una unión bancaria completa. Pero esa audacia en la idea, se alarga en el tiempo y no permite las acciones imprescindibles que hoy se precisan.

Crisis de la Deuda: Tener deudas separadas es inviable, la crisis lo ha puesto de manifiesto. Y de ahí ha surgido «los fondos de rescate» respetando la competencia del BCE y la del Tratado de Lisboa, y se creó el Fondo Europeo de Estabilidad Financiera (FEEF) y el Mecanismo Europeo de Estabilidad (MED) de forma permanente. Una respuesta necesaria a las necesidades inmediatas, pero erróneo, porque conserva el principio de deudas públicas independientes. Casos como el de Chipre fue sintomático. En 2012 y para calmar los mercados, se crea el OMT (Programa de Transacciones Monetarias) para cortar la amenaza de los mercados de bonos, que es una medida de freno.

Crisis de inversión: La falta de inversión en Europa amenaza sus condiciones de vida y su competitividad internacional. Alemania es la única que contaba con excedentes y se ha fortalecido. El resto tiene poca inversión y muy desigual entre las regiones excedentarias y las deficitarias.

Crisis social: Los años de sucesiva austeridad han hecho mella en los pueblos de Europa. No es un problema de los griegos, desde Atenas a Dublín, y desde Lisboa a los Países del Este de Europa, son millones los europeos que han perdido el acceso a los bienes básicos y a su dignidad. Un trabajo precario, y con hambre. Las pensiones se han recortado y los impuestos básicos se han aumentado. Es la primera vez, en dos generaciones, que los ciudadanos de la Unión tienen duda sobre el proyecto europeo, sólo en Alemania parece repuntar la confianza, mientras el fantasma del nazismo cobra fuerza.

Con esta situación, hay que buscar soluciones ¡ya!, y soluciones realistas, y trabajar con el convencimiento que al BCE no se le va a permitir monetizar la deuda soberana, ni tampoco un apalancamiento del BCE del FEEF/MEDE. Por otro lado, el OMT del BCE ha sido tolerado, pero no impulsa estabilidad. Los países con superávit no consentirán garantizar «solidaria y colectivamente» Eurobonos para mutualizar la deuda y los deficitarios no quieren perder soberanía.

Europa no puede esperar a federarse. Si la solución de la crisis se hace depender de la federación de la eurozona, se desintegrará antes. Los cambios en el Tratado para crear una hacienda europea con capacidad de gravar, gastar y endeudarse, no se puede poner como punto previo para la solución de la crisis, se muere el enfermo. Sin embargo si se pueden hacer políticas que sin violar el Tratado en vigor, nos refuercen para llegar con vida a ese federalismo deseado, abordando los problemas con las posibilidades existentes y parece ser según han puesto de relieve en el manifiesto firmado por más de trescientos economistas de todo el mundo. Una modesta proposición para resolver la crisis de la eurozona. Primer firmante: James K. Galbraith, al que nos hemos adherido Economistas Frente a la Crisis, los sindicatos alemanes y otras instituciones y del que resalto las siguientes propuestas:

- Primera: que los bancos con problemas pasen directamente al MEDE, en lugar de tener que endeudarse el gobierno estatal en nombre del banco. El MEDE y no el gobierno de cada estado procedería a su reestructuración, recapitalización y rescate, porque hay que evitar que ese abrazo mortal que se han dado bancos nacionales insolventes con sus insolventes estados continúe ahogando a los ciudadanos, y sería un paso efectivo para la Unión Bancaria prevista.

- Segunda: «Un programa de conversión de deuda limitado». El Tratado de Maastricht permite a cada estado miembro europeo la emisión de Deuda Soberana hasta el 60% del PIB, límite que la mayoría ha excedido. Sería posible una conversión de su deuda por el valor de la Deuda Permitida Maastricht (DPM) y los intereses serían atendidos por cada estado. Se podría hacer dentro de las posibilidades de la cooperación reforzada que precisa nueve estados miembro. Continuar con el programa OMT como apoyo a los momentos de especulación con los bonos.

- Tercera: «Un programa de recuperación impulsada por inversiones para la convergencia». Ya existe el Programa Europeo de recuperación Económica 2020, que en la práctica ha quedado liquidado por la austeridad. Se precisa un nuevo programa de inversiones para fortalecer la integración europea, restaurar la confianza del sector privado y cumplir con el compromiso del Tratado de Roma, de aumentar los niveles de vida. La financiación estaría ligada al BEI (Banco Europeo de Inversiones) más el FEI (Fondo Europeo de

Inversiones). El BEI tiene el mandato de invertir en salud, educación, renovación urbana, medioambiente urbano, tecnología verde, energías renovables, y el FEI puede cofinanciar los proyectos de inversión del BEI como los Fondos de Capital Riesgo. Es seguir las recomendaciones del Consejo Económico Social Europeo sobre: «Reiniciar el crecimiento».

- Cuarta: Un programa de solidaridad Social de Emergencias, que garantice el acceso a la alimentación y necesidad de energías básicas, un programa parecido existe en EEUU, y que puede financiarse con el interés acumulado en el sistema de Bancos centrales.

Abordar la peor crisis humana exige una respuesta de sus instituciones. La crisis económica se está convirtiendo en una crisis de legitimidad, por eso estas medidas serían un proceso de europeización descentralizada, sin la espera angustiosa de una federación estatutaria, porque para llegar a la ansiada federación tenemos que tener países que federar, y esa meta no se puede alcanzar si no hay más empleo y recuperamos el bienestar, porque tenemos que pisar tierra y ser muy efectivos, y teniendo presente que si utilizamos el euro para iniciar nuestra unión federal, como explica Barón (2015), tendremos que seguir por la vía de los programas económicos financieros para culminar con éxito el federalismo deseado, un proyecto cohesionado y con una cooperación reforzada en lugar de la austeridad impuesta que nos está desintegrando.

Y no he hecho ninguna referencia a nuestro proyecto de federalismo, porque España necesita un pacto fiscal federal, pero las características de ese pacto federal tienen que estar en el horizonte de una mayor integración con Europa, y si no reforzamos la mayor, no tendremos un árbitro en ese proceso, porque queremos un federalismo que no lo dirija un gobierno central, sino un árbitro independiente, para que gobiernos autonómicos e instituciones centrales del Estado encuentren ese equilibrio en un encaje político, con un senado de los territorios donde se logren los equilibrios presupuestarios.

13.3. LA TRANSPARENCIA COMO MEDIO HACIA LA INTEGRACIÓN

El hecho más relevante en el proceso de integración de una sociedad es la transparencia, su cambio de modelo de gestión y la forma de relación con sus ciudadanos. El paso de un modelo autoritario a un modelo de una administración compartida, en donde los ciudadanos tengan un protagonismo en la búsqueda de las soluciones, es esencial para consolidar el proyecto de la UE. Los derechos sociales, las políticas fiscales y los derechos políticos deben de coordinarse para que los ciudadanos puedan exigir una rendición de cuentas efectiva. Son los conceptos aceptados de gobernanza y buena administración, con el concepto de gobierno abierto que se abren paso en nuestras legislaciones.

Es esa naturaleza fundamental recogida en el artículo 19 de la Declaración Universal de Derechos Humanos (1948) en donde proclama que «todo individuo tiene derecho a la libertad de opinión y de expresión; este derecho incluye el no ser molestado a causa de sus opiniones, el de investigar y recibir informaciones y opiniones, y el de difundirlas, sin limitación de fronteras, por cualquier medio de expresión». La Unión Europea y la OCDE crearon un organismo conjunto llamado SIGMA para fomentar entre otros los principios de confiabilidad, previsibilidad, rendición de cuentas, transparencia y participación ciudadana en las Administraciones públicas. En el Tratado de la Unión Europea, el derecho a la información está reconocido como un derecho fundamental asociado a la ciudadanía, y el Defensor del Pueblo Europeo insiste en sus informes este carácter.

La Unión Europea ha puesto en funcionamiento diferentes medidas para afrontar los problemas de financiación y de las diferentes ayudas que se han producido para apoyar a los mercados financieros. La creación de la Junta europea de Riesgo sistémico y sus tres nuevas Autoridades de Supervisión: EBA (Autoridad Bancaria Europea), EIOPA (Autoridad Europea de Seguros y Pensiones de Jubilación) y el ESMA (Autoridad Europea de Valores y Mercados, así como el poder conferido al BCE (Banco Central Europeo) en su amplia función de Supervisor Bancario Único, se enmarcan en la nueva estrategia 2020, unida al Pacto de Estabilidad y Crecimiento, con sus complementos de actuaciones en lo que se conoce como el «Semestre Europeo», el «Pacto Euro Plus» y el «pacto Fiscal». Este amplio escenario es controlado por el Tribunal de Cuentas Europeo, con la obligación de controlar la eficiencia, la eficacia y los controles de gestión de todos los organismos, lo que representa un desafío ante los nuevos retos y riesgos que los miembros de la Unión deben asumir. Este reto de control financiero y de legalidad de todas las instituciones de la UE que se financian con dinero público tiene que completarse con las auditorías de desempeño para conocer si la gestión que se realiza en estos organismos es eficiente, eficaz y aporta esos valores para los que han sido creados. Ese es un reto importante desde el control para una transparencia en el complejo entramado de la UE. Es el mensaje que desde los inicios de la democracia nos describe TOCQUEVILLE, cuando afirma que no hay en el mundo autoridad por muy respetable o sagrada que sea para dejarla sin control y que nos pueda dominar sin cortapisas. Un sabio consejo que se ha olvidado, y debemos recordar.

Capítulo XIV

Conclusiones

Solo la verdad es democrática, la política espectáculo
deja al ciudadano a la merced del poder/privilegio,
lo dejan inerme. El poder de los sin poder consiste
en proteger las verdades de hecho.

Paolo Flores d'Arcais

En las encuestas y los índices que Transparencia Internacional ha publicado se han recogido el clamor popular de que se mejore el nivel de información al cudadano. Se manifiesta un rechazo a la opacidad, al clientelismo, a la corrupción y especialmente a todo lo que se aleje de lo que el ciudadano desea que cambie de forma clara y concreta. Sin excusas y sin las explicaciones absurdas que suelen hacer nuestros políticos cuando dicen que sí, que son transparentes, pero que las encuestas y quienes investigan distorsionan. Los ciudadanos contestan categóricamente que desean más sinceridad y más honestidad. Transparencia Internacional ha divulgado y remitido a todos los partidos políticos unas propuestas muy claras contra la corrupción que se pueden resumir en las siguientes medidas:

Primera: Claridad en las cuentas de los partidos políticos. Colgadas en Internet, tanto sus ingresos como sus gastos, con un desglose claro de todos los conceptos, así como el patrimonio. Cuentas auditadas por profesionales independientes, sin vinculaciones con los auditados. Publicar, asimismo, su presupuesto anual global, con desglose de cada nivel de gestión (regional, provincial y local) y los datos auditados de las entidades, asociaciones y fundaciones vinculadas a la formación política.

Segunda: Identificación de las personas incursas en cualquier proceso penal o de otro tipo, su imputación en el caso y situación del proceso.

Tercera: Propuesta de una directiva europea por la que se establezca un procedimiento de listas abiertas para elegir a los parlamentarios, en todos los países de la Unión, de modo que los votantes puedan cambiar el orden de los candidatos que aparecen en las papeletas de voto y se puedan tachar algunos de los propuestos por los partidos. Para un mejor conocimiento de los candidatos, publicar su biografía y currículo.

Cuarta: Promover que la financiación ilegal de los partidos sea un delito penado por ley homologada por una directiva. Prohibir que las entidades financieras y empresas perdonen las deudas a los partidos políticos y que el coste de los servicios sea comprobado que se realiza homologado a precios de mercado. Toda la información colgada en Internet.

Quinta: Eliminar el aforamiento de los políticos. Todos iguales ante la ley y, por tanto, todos sin privilegios ante los tribunales. Protección para los ciudadanos que colaboren con denuncias del incumplimiento de los políticos o de sus organizaciones. Reducir los supuestos de indultos y prohibirlos para los políticos corruptos.

Sexta: Introducir en todos los niveles educativos actividades para una educación cívica, de modo que se divulgue un código de conducta explicando a los estudiantes lo destructiva que resulta la mala semilla de la corrupción, para no ser condescendientes con el corrupto ni con el corruptor, es decir ni con el que «pone el cazo» ni con el que lo llena. Es importante que desde la educación básica se explique con claridad que el futuro de la democracia o es más ética, más participación y más equidad, o viviremos en un modelo socialmente destructivo y, lo que es peor, cautivos de un clientelismo político de lo más desaprensivo.

Si queremos una sociedad en la que el ciudadano no se convierta en un ser explotado en todos los sentidos, no hagamos oídos sordos al clamor popular. Cuanto antes rectifiquemos, el impulso ciudadano procurará una Europa verdaderamente de todos.

Los factores determinantes de un crecimiento sostenible se concentran en el nivel de bienestar que disfrutan sus ciudadanos. El antagonismo entre pobreza y prosperidad son dos polos que la economía y la sociología han estudiado en profundidad.

Una primera cuestión determinante del dilema entre pobreza y prosperidad no es la ubicación regional, ni la cuantía de medios, ni más o mejores vías de comunicación. Lo más determinante es la forma en que se organiza la sociedad, ese conjunto de instituciones que configuran y dan vida a la actividad económica, social y política. Y son precisamente las instituciones el determinante fundamental que configura el comportamiento económico, como han puesto de manifiesto los profesores ROBINSON y ACEMOGLU (2012), de Harvard y MIT, respectivamente.

La segunda cuestión es la Política, con mayúscula, la que fortalece las instituciones verdaderamente inclusivas. Nunca prosperan las sociedades cerradas, sino las sociedades abiertas. Consecuentemente, el poder político –tercera cuestión– cuya función es la distribución de bienes públicos y de servicios, nunca debe ser aplicado para los intereses de grupo.

Con estos principios, elementales y sencillos, podemos observar a las instituciones políticas y su relación con las económicas. Es en esa forma de relación donde interviene la participación ciudadana, para forzar los cambios y controlar democráticamente los procesos. El control ciudadano es el antídoto más positivo frente al autoritarismo, además de un crisol del pluralismo político.

Con la fuerza ciudadana las instituciones alimentan la prosperidad, sus reglas económicas giran al bien común, sus instituciones son de más calidad y el crecimiento se fortalece. Es significativo comprobar que la prosperidad se fundamenta históricamente en la lucha contra los privilegios. Está demostrado que la calidad política, la profundización democrática, concilia mejor con el crecimiento.

Si las instituciones son un pilar fundamental no entendemos cómo los ciudadanos están pasando por un alto grado de desafección en sus instituciones, según las últimas encuestas. Los movimientos ciudadanos de reivindicación deben tener en cuenta que hay que ejercer una presión hacia las instituciones para que sus estructuras sean abiertas, para que puedan entrar los mejores candidatos porque la renovación de representantes nos irá alejando del empobrecimiento al que conduce esa minoría que nos desgobierna desde su neodespotismo electoral cerrado.

Desde las regiones tenemos que hacer examen de las instituciones, su utilidad, y sus reformas o aquellas que la obsolescencia, las ha dejado fuera de un contexto histórico y hoy son inservibles y su costo innecesario. Con la apertura de los gobiernos, sus organizaciones, empresas públicas, sindicatos, partidos políticos, universidad, y cuantas reciben subvenciones de los presupuestos públicos, deben cambiar para dar cobertura a las necesidades de sus ciudadanos y no al revés. En caso contrario no saldremos del retraso económico por mucho que cambiemos las estructuras.

El desarrollo es una consecuencia de la lucha libre de los pueblos por alcanzar sus derechos políticos y las regiones que lo van consiguiendo lo aplican en sus oportunidades económicas. Es por ello que debemos plantearnos un cambio en su conjunto, no sirve que cada uno aproveche la oportunidad para hacer el suyo propio –el ejemplo catalán es significativo– sino que debemos incorporarnos todos a la iniciativa de cambio, sin que ninguna región se convierta en una rémora por su caciquismo cerrado, por su pasado menos integrador o por su incapacidad de sumar. Este es un proceso de suma solidaria en el que lo económico es un capitulo, pero no el único ni el más relevante.

Es hora de reformas, ha llegado el momento de hacer los cambios que no se terminaron de hacer en la transición política de la dictadura a la democracia. Tenemos la obligación de eliminar las estructuras imperfectas heredadas y aquellas que no se pueden mantener por su costo y por inservibles a la democracia que deseamos. Es la hora de las instituciones, el momento de despejarlas para que sean gestionadas como gobiernos abiertos.

14.1. SIN TRANSPARENCIA NO HAY DEMOCRACIA

Las políticas de intereses creados son muy difíciles de expulsarlas de las instituciones, porque precisamente su objetivo ha sido históricamente el asalto lento, pero persistente, para construir un poder económico, disfrazado en un estilo de hacer negocios por medio del control de los diferentes regímenes tarifarios, concesiones, concursos, o suministros de servicios públicos. Los boletines oficiales son una referencia permanente de esta forma de hacer negocios. Las políticas de privatizaciones llevadas a cabo desde hace décadas han reforzado todavía más ese corporativismo y plutocracia que se ha impuesto en todo el país. Muchos negocios conseguidos por estos medios han engrosado las cuentas de los que entran y salen por todas las puertas de las Administraciones. Pero no han hecho sus negocios solos, sino juntos con ciertos políticos que les han ayudado en esta labor. Han logrado que políticos de ética artificial, aquellos que su credo ético, empezada y terminaba en cobrar un porcentaje de cada negocio que transitaba, hacerlos socios, logrando hacer saltar por los aires la ética y los códigos de buen gobierno. Ni los tenían, ni les hacían falta, y han dinamitado «nuestra santa bárbara» arrasando a su paso todo el buen hacer de políticos y políticas de nuestra democracia, provocando estos tiempos oscuros, de costumbres corruptas y expuestos al furor cuando critica el contrario.

Es tiempo de fortalecer nuestros derechos y libertades porque no se respetan las decisiones tomadas por la ciudadanía democráticamente, que son el soporte de las instituciones del Estado; y con estos precedentes, la confusión entre lo público y lo privado ha circulado sin trabas, en una práctica de mala gestión, en especial la urbanística y la obra pública, y han sido capaces de hundir los presupuestos públicos, con las consecuencias de una deuda exagerada, que se quiere disfrazar por las políticas sociales desarrolladas. ¡Algo tendrán que decir los parlamentos en su obligación de control de estos desafueros! Porque los ciudadanos quieren auditar si sus representantes siguen atados a políticas que no entendemos.

Precisamos de un nuevo Estado que esté permanentemente preocupado por construir una sociedad decente, en la que las instituciones no humillen a las personas, ni que sus miembros se humillen unos a otros. Como dice Douglass North (2012), no solo basta con crear fuertes instituciones para generar confianza, sino también normas de conducta y códigos de ética capaces de expulsar a los incumplidores de las normas en beneficio de una sociedad que las respeta con más disciplina que sus representantes. Pagamos como dice Sachs (2012) «el precio de la civilización»: los impuestos, y sería muy educativo que nos rindan cuentas claras de cómo se gasta al mismo tiempo que se ejecuta, y poder atrapar a «los listos» con las manos en la masa, porque siempre llegamos tarde. Alguno paga con la cárcel, pero la mayoría engrosan su patrimonio y la herencia de los suyos. La historia económica está repleta de ejemplos.

La corrupción pública y los comportamientos antiéticos han creado tantos y tan disparatados problemas, que ha llegado el momento de acabar seriamente con ellos. El sistema político, el económico y el social, tiene que sufrir una profunda renovación, en especial en aquellos aspectos que corresponda para que las personas cuya obsesión consista en conquistar el poder, por la capacidad que éste da de repartir cargos como si fuese un botín de conquista, queden claramente en evidencia que no son merecedores de ser representantes de un sistema democrático, porque el sistema que nos cobija precisa de la honestidad de sus representantes sean de la ideología que sean.

Hay que reconocer que la situación que vivimos está complicada, y muy cercana al ejemplo de la «trampa social», como se denomina en la «teoría de juegos» a aquellas situaciones en las que los participantes eligen la peor solución para los dos. Es por ello posible que la solución debe empezar por promover la honestidad y la eficacia desde las instituciones para que impulse a la sociedad civil a mantener esa inercia positiva desde las esferas de los gobiernos. Necesitamos un Estado, honesto, eficiente y eficaz, pero Estado. Es bueno afirmar estas señas de identidad porque cuando hablamos de instituciones parece como si se hablara de muchas cosas a la vez. Y hablar de instituciones es hablar de Constitución, su forma de gobernar, de organizar las relaciones entre las Administraciones públicas y sus territorios, y definir los derechos fundamentales y protegerlos.

Éste es el papel de decisión con que cuentan las Administraciones, sus estructuras de poder, tanto formales como informales de los gobiernos –estatal, autonómico y local–, es en definitiva, esa estructura constitucional que está por encima de los políticos, burócratas, tradiciones e historia. Esa es la clave de la esencia de la constitucionalidad social, que finalmente nos dará el mayor nivel de confianza. Será la confianza en la norma, en la sociedad, en sus instituciones –públicas y privadas– y en sus ciudadanos, la que nos garantizará el futuro, y ese proyecto conjunto dentro del Estado, se fortalecerá si se ejercita con una cultura de tolerancia cuyo resultado es el reforzamiento de la esencia política, generadora de un potente capital social. Es el resultado de sacrificar el interés particular (o partidista) por el interés colectivo y la defensa de la convivencia, y entonces se habrá cubierto el vacío ético.

Epílogo

Con el texto terminado y corrigiendo el original para enviarlo a la Editorial Aranzadi he sido elegido, por designación de la Asamblea Regional de la Región de Murcia, Presidente del Consejo de la Transparencia de esta Comunidad Autónoma. Un nombramiento irrevocable, por cinco años de duración y no remunerado. En mi toma de posesión del cargo el 30-7-21015, expuse a los asistentes al acto las siguientes reflexiones que pueden ser un epílogo para este trabajo:

> *«Autoridades, representantes de partidos políticos y de organizaciones de la sociedad murciana, queridos amigos. Es para mí un honor asumir la responsabilidad de impulsar la Transparencia en la vida pública y social de esta región. Un honor, repito, pero también un reto. Y ya adelanto: un reto que no rehuiré.*
>
> *He caminado conjuntamente con ciudadanos e instituciones, tanto públicas como privadas, para que la transparencia, la participación y la rendición de cuentas sean una práctica en nuestra vida democrática. Y hago hincapié en vida democrática. VIDA: Ese flujo permanente que surge de las entrañas del pueblo expresando su deseo de un cambio profundo en sus instituciones públicas. Y al asumir este compromiso quiero convertir ese deseo en realidad, aun siendo consciente de las carencias y contradicciones existentes.*
>
> *Porque en el camino de la transparencia y del buen gobierno aparecen obstáculos, a veces muros, que hay que derribar para que la ética en la función pública penetre sin mayores dificultades. Pero nos encontramos con que muchos de esos obstáculos se manifiestan en las propias leyes que nos regulan, tanto en el ámbito regional como en el estatal.*
>
> *Hemos esperado demasiado tiempo el nacimiento de nuestra Ley de Transparencia y esa tardanza ha hecho que naciera ya vieja para los tiempos que vivimos. Hoy, la participación ciudadana camina a un ritmo mayor del que se prevé en la Ley, que tiene demasiado carácter administrativo*

y olvida profundizar en la transparencia y en la participación, como derecho fundamental, de forma que conecte más directamente con el derecho a la información y el derecho a saber que consagra la CE en su artículo 20.1.

Aspiramos, por tanto, a que nuestra ordenación jurídica sea un fiel reflejo de las normas internacionales, para lo cual propondré al Consejo aquellas reformas que salven las diferencias. Es evidente que cuesta romper la tiranía de la burocracia, pero la ciudadanía tiene que librarse de esa losa ineficaz y convertir la Función Pública en una aliada para su desarrollo social.

Y en este punto permítanme hacer una reflexión que considero importante:

Muchas veces hablamos de transparencia y del derecho de acceso a la información como si expresaran lo mismo. Pero en realidad no es así. Es cierto que están entrelazadas y que en principio podría pensarse que son las dos caras de una misma moneda, sin embargo no se trata de dos conceptos confluyentes sino paralelos. El derecho de acceso a la información pública garantiza la transparencia y posibilita profundizar en la democracia, pero no existe una relación inversa porque la mera transparencia no amplía los derechos de los ciudadanos ni, por tanto, nos lleva a una democracia más avanzada. La transparencia, por sí sola, puede suponer una suerte de despotismo ilustrado si no se acompaña del auténtico derecho del ciudadano, el sujeto universal, a tener acceso a la información pública. En nuestra sociedad se puede apreciar un importante esfuerzo en materia de transparencia como medio para mejorar la calidad de los servicios, pero estamos lejos de ver fortalecidos los derechos fundamentales de los ciudadanos en esta materia.

Como se desprende de su propio texto, nuestra Ley de Transparencia ha configurado un derecho de acceso a la información pública de naturaleza puramente administrativa, sin embargo, queridos amigos, el acceso a la información es un derecho fundamental y no un derecho administrativo. El derecho de acceso a la información pública es un presupuesto capital de formación de la opinión pública, base fundamental del funcionamiento democrático de una comunidad, de la que forman parte la jurisprudencia del Tribunal Europeo de Derechos Humanos. Su regulación como derecho meramente administrativo la deja huérfana de la protección y garantías propias de los derechos fundamentales.

La opción que nuestros legisladores han elegido no sigue a la mayoría del sentir de la doctrina imperante en el mundo democrático. El Tribunal Europeo de Derechos Humanos, la Corte Interamericana de Derechos Humanos, el Comité de Derechos Humanos de la Naciones Unidas, el Relator por la Libertad de Prensa de las Naciones Unidas, la Organización para la Seguridad y la Cooperación de Europa, la Organización de Estados Americanos y la Unión Europea mantienen el carácter fundamental del derecho de acceso a la información pública, mientras que en nuestras leyes es solo un derecho administrativo.

Me sumo a los que defienden la Transparencia como un derecho humano fundamental, de carácter constitucional, que tiene su origen en las libertades informativas, tal y como confirma el Convenio 205 del Consejo de Europa sobre el Acceso a los Documentos Públicos (18-6-2009) que en su exposición de motivos dice que el ejercicio del derecho de acceso a los documentos públicos fomenta la integridad, la eficacia, la eficiencia y la responsabilidad de las autoridades públicas, ayudando así a que se reafirme su legitimidad.

Son conceptos catalogados en las libertades informativas que pueden resumirse en que, para fortalecer una comunicación pública libre, es necesario no solo un sistema informativo libre y plural de medios de comunicación, sino que además se precisa que los ciudadanos accedan directamente a las fuentes de información pública.

Es cierto que mi concepción está con los que defienden la aparición de un nuevo derecho fundamental, y sé que eso puede acarrear un rechazo de quienes no aceptan que los ciudadanos quieran conquistar sus derechos humanos en progresión constante, en un caminar sin concluir. Opino que no existe un catálogo cerrado y estático de derechos fundamentales. La evolución de la sociedad exige respuestas jurídicas a los nuevos retos y el nuestro es desarrollar un derecho directamente relacionado con la transparencia y la lucha contra la corrupción.

Pese a todas las imperfecciones y carencias de la Ley de Transparencia actual, esta norma ha abierto una ventana en las Administraciones Públicas. Es el momento de aprovecharla para que, mediante su modificación en profundidad, nuestra Ley se convierta en un referente y en un eficaz instrumento en manos de los ciudadanos hacia los que hay que hacer un esfuerzo de concienciación de lo que puede suponer la transparencia y, en particular, el derecho a saber. El derecho a saber sobre aquello que es de todos: lo público.

Si conformamos una sociedad en la que los entes públicos están al servicio de las personas y no al revés, será clave ese derecho a acceder a la información pública. No basta con hablar de transparencia, gobierno abierto, buen gobierno, etcétera. Es necesario implementarlo. Al final todo se resume en si los ciudadanos de nuestra Región tendrán un verdadero derecho a saber o si este tinglado será un simple espejismo, una de tantas normas que se incumplen sistemáticamente.

Insistiendo que la transparencia es sumamente rentable –y no solo porque reducirá la corrupción– yo les prometo que el compromiso que hoy he aceptado es precisamente para que ese espejismo nunca impere en nuestra sociedad murciana. Buscaré siempre "el deber ser de perfección", y con la ayuda de todos superaremos las limitaciones para que nuestra Región, sus Administraciones Públicas y los sectores que con ellas se relacionan, sean un referente a nivel nacional.

Y termino con un apunte personal.

No será difícil de creer que, a mi edad, con la asunción de este cargo-reto no me guía más motivo que servir a mi comunidad. Aquí donde me ven, estoy ilusionado. No ahorraré energías, no sortearé esfuerzos, no me faltará arrojo pero sí les solicito que escolten al buen logro de la tarea encomendada a este Consejo. Será con la voluntad de todos con la que conseguiremos que nuestras instituciones y sus estructuras de funcionamiento sean de cristal.

Muchas gracias».

Bibliografía

ABERS, R. (2000), *Inventing Local Democracy.* Lynne Rienner Publishers. Londres.

– (2012) *¡Acabad ya con esta crisis!* Editorial Crítica, Barcelona.

ACEMOGLU, D. y ROBINSON, J. A. (2012), *Por qué fracasan los países.* Ediciones Deusto Barcelona.

AHEDO, I.; IBARRA, P. (2007), *Democracia Participativa y Desarrollo Humano.* Editorial Dykinson.

ÁLVAREZ, GALLEGO, GÁNDARA y RIVAS (2011), *Nosotros los indignados.* Editorial Destino. Barcelona.

ARENDT, Hannah (1993), *¿Qué es la política?* Paidós. Barcelona.

ARTETA, A. (2010), *Mal consentido.* Editorial Alianza.

AUGÉ, M. (1992), *Los no lugares.* 4.ª edición. Editorial Gedisa. Barcelona.

BARCELÓ, S. y PIMENTEL, Z. (2002), *Radicalizar la democracia. Porto Alegre, un modelo de municipio participativo.* Madrid. Editorial Los libros de la Catarata (2002).

BAÑEZ, T. (1999), *Participación ciudadana, sociedad civil y juventud.* Acciones e Investigaciones Sociales. Universidad de Zaragoza.

BARÓN, E. (2006), *Constitucionalización del poder legislativo en la Unión Europea.* Editorial Aranzadi.

– (2015), *La era del federalismo* Editorial RBA.

– (2013), *Más Europa ¡Unida!* Editorial RBA.

BARRIO, J. (2000), *La Oficina Presupuestaria: Una necesidad en los entes locales.* II Encuentro de Ávila sobre Gestión y Políticas Públicas. Análisis Local, núm. 2.

BARTHELEMY, M. (2003), «Una nueva era de la participación». *Cuadernos de solidaridad,* núm. 3. Editorial Tirant lo Blanch.

BAUMAN, Z. (2011), *44 Cartas desde el mundo líquido.* Editorial Paidós.

BECK, U. (2004), *Poder y Contrapoder en la era global.* Editorial Paidós. Barcelona.

BLANCO, I. y GOMÁ, R. (2002), *Gobiernos Locales y Redes Participativas.* Editorial Ariel.

BLANES, M. A. (2014), *Transparencia Informativa en las Administraciones Públicas.* Editorial Aranzadi.

BOBBIO, J.; PONTARA, G. y VECA, S. (1985), *Crisis de la democracia.* Editorial Ariel. Barcelona.

BORJA, J. y CASTELL, M. (1997), *Local y Global. La gestión de las ciudades en la era de la información.* Editorial Taurus-Fundamentos. Madrid.

BOURDIEU, P. (2014), *Sobre el Estado.* Editorial Anagrama.

BRUMBY, J. (2000), *Vocabulario del desempeño.* Global Expert Team.

BUCHANAM, J. M. (1972), *La hacienda pública en un proceso democrático.* Madrid. Editorial Aguilar.

– (2009), *Caída libre.* Editorial Taurus.

CABANNES, Yves (2005), «Presupuestos participativos y finanzas locales». UN-HABITAT. *Cuadernos de trabajo,* núm. 137, p. 16. Programa de Gestión Urbana del 2004. Quito. Ecuador Working paper.

CAMAÑO, J. (2007), *El control del gasto bajo un prisma de gestión pública: Análisis teórico y aplicación a la IGAE.* Instituto de Estudios Fiscales.

CAMERON, D. (2010), *Informe a la Cámara de los Comunes.*

CANETTI, E. (2005), *Masa y Poder.* Editorial Alianza. Madrid.

CARBAJO, D. (2012), «Inestabilidad normativa. Necesidad de una reforma fiscal». Ponencia presentada en el XXII Congreso de la Asociación Profesional de Inspectores de Hacienda del Estado. Santander 25 de octubre de 2012.

CASANI, F. (2011), «La RSC, en el nuevo modelo económico: ¿Valor para el accionista o valor compartido?» *AECA,* núm. 95, septiembre.

CASTELLS, M. (2009), *Comunicación y Poder.* Alianza Editorial.

CASTELLS, M. y BORJA, J. (1996), «As Cidades como atores políticos». Novos Seudos. Sau Paulo. *CEBRAP,* num. 45.

CHOMSKY, N. (2002), *Los límites de la globalización.* Editorial Ariel. Barcelona.

CRUCH, C. (2004), *Posdemocracia.* Editorial Taurus.

– *Crítica de la razón indolente.* Editorial Desclée de Brouveer. Bilbao.

CROZIER, M. (1992), *Estado Modesto, Estado Moderno. Estrategia para el cambio.* Editorial Fondo de Cultura Económica. México.

D'ALEMA, M., «Revolución socialdemócrata en la UE». *El País* 18 de marzo de 2012.

DE MIGUEL, B. (2011), *¿Qué está pasando?* Editorial Deusto. Barcelona.

DE SOUSA SANTOS, B. (2005), *El Milenio Huérfano.* Editorial Trota. Madrid, pp. 87-368-369.

– (2012), *El precio de la desigualdad.* Editorial Taurus. Madrid.

DEL RÍO, E. (2003), *Poder político y participación popular. Libertad, desigualdad, fraternidad.* Talasa Ediciones. Madrid.

– (2003), *Democracia y Participación. El ejemplo del presupuesto participativo.* Editorial el Viejo Topo. Mataró (España).

DOMÍNGUEZ DEL BRÍO, F. (1971), «Perspectiva histórica: papel económico de los gobiernos». En *Política Fiscal en acción.* Editado por IEF. Madrid.

DOUGLASS, C. N. (2012), *Instituciones, cambio institucional y desempeño económico.* Editorial Fondo de Cultura de España.

DOWNS, A. (2013), *Teoría Económica de la acción política en una democracia.* Editorial Ariel.

ECO, U. (2007), *A paso de cangrejo.* Editorial Debate.

ECONOMISTAS ATERRADOS (2012), *La espiral de la austeridad.* Editorial Pasos Perdidos. Madrid.

ECONOMISTAS FRENTE A LA CRISIS (2012), *No es economía, es ideología.* Ediciones Deusto. Barcelona.

ELSTER, J. (2003), *La democracia deliberativa.* Editorial Gedisa. Barcelona.

– (2012), *En resumen... o casi.* Editorial Aguilar. Madrid.

ESTEFANÍA, J. (2011), *La economía del miedo.* Galaxia Gutenberg. Madrid.

ETZIONI, A. (2007), *La dimensión moral: Hacia una nueva economía.* Biblioteca Palabra. Madrid.

– (2008), «Expansion et défis des Budget participatifs en Amérique Latine». *Presupuesto y Gasto Público,* núm. 51. Instituto de Estudios Fiscales.

FEDERACIÓN ANDALUZA DE MUNICIPIOS Y PROVINCIAS (FAMP) (2005), *Participando, creando e Innovando. Un enfoque local.* Diputación de Sevilla. Sociedad Siglo XXI. Sevilla.

FEDERACIÓN ESPAÑOLA DE MUNICIPIOS Y PROVINCIAS (FEMP) (2006), *Guía para la implantación de un sistema de costes en la Administración Local.* FEMP, Madrid.

FERRAJOLI, L. (2011), *Poderes Salvajes: La crisis de la democracia constitucional.* Editorial Mini-Trotta.

FLORES D'ARCAIS, P. (2006), *El soberano y el disidente. La democracia tomada en serio.* Editorial Montesino.

FLORES, P. (2013), *Democracia.* Editorial Galaxia Gutenberg.

FMI (1999), «Código de buenas prácticas de transparencia fiscal y financiera». Adoptado por el Comité el 26 septiembre 1999. Web del FMI. Informe realizado el año 2001.

GALBRAITH, J. (2004), *La economía del fraude inocente: La verdad de nuestro tiempo.* Editorial Crítica.

GALEANO, E. (2011), *No nos representan.* Ediciones Planeta. Madrid.

GANUZA FERNÁNDEZ, E. y ÁLVAREZ, C. (2003), *Democracia y presupuestos participativos.* Editorial Icaria.

GANUZA, E. y GÓMEZ, B. (2008), *Control político y Participación en la democracia: Los Presupuestos participativos.* Fundación Alternativas.

GARCÍA, M. C., ALONSO, J. y DEL HOYO (2013), «La participación de los jóvenes en las redes sociales». En *Analisi Monogràfic, 2013.*

GARCÍA PELAYO, M. (1987), *Burocracia y Tecnocracia.* Alianza Universidad. Madrid.

GARRIDO, F. J. (2002), «Planificación Participativa para el desarrollo local», en *Metodología y Presupuestos Participativos.* Editorial Cimas.

GARZÓN, A. (2012), *Esto tiene arreglo.* Ediciones Destino. Barcelona.

Gellner, E. (2008), *Naciones y nacionalismos.* Alianza Editorial.

Giddens, (2000), *Un mundo desbocado. Los efectos de la globalización en nuestras vidas.* Editorial Taurus.

GLOBAL WEALTH REPORT DE CREDIT SUISSE (2014).

Gomá, J. (2010), *Ejemplaridad pública.* Taurus-Ediciones Santillana. Madrid.

Goma, R. y Font, J. (2001), *La democracia local: un mapa de experiencias participativas. Ciudadanos y decisiones Públicas.* Editorial Ariel. Barcelona. p. 74.

Greppi, A. (2012), *La democracia y su contrario.* Editorial Trotta.

Guy, B. Peters y Pierre, J. (2005), *¿Por qué ahora el interés por la gobernanza? En la gobernanza hoy.* MAP. Institut Internacional de Gobernabilitat de Catalunya.

Habermas, J. (2009), *¡Ay, Europa!* Editorial Trotta.

Hessel, S. (2010), *¡Indignaos!* Editorial Destino. Barcelona.

Hocking, B. (2004), «Patrullar en la frontera: La condición de actores de los gobiernos no centrales». Publicado en: *La gobernanza multinivel en la Unión Europea.* Editorial Tirant lo Blanch. Valencia.

Iglesias, A.; García, V. y Mañanes, G. (2005), «Notas en torno a las nociones de gobernanza urbana y participación ciudadana». Publicado en: *La participación ciudadana.* Ed. Colectiva. Editorial Dyckinson. Madrid.

Innerarity, D. (2011), *La democracia del conocimiento.* Editorial Paidós. Barcelona.

Jackson, J. (2011), *Prosperidad sin crecimiento.* Icaria editorial.

Jay y Lynn (1986), *Sí, Ministro.* Editorial Ultramar.

Jiménez, F. (2011), Ponencia sobre: *Políticas de transparencia e integridad. ¿Se puede prevenir la corrupción?* Universidad Carlos III. 9 y 10 de mayo de mayo, Work paper.

Jiménez, Goma, Gutiérrez y Riera (2002), *Nuevos escenarios de democracia local. Las experiencias de presupuestos participativos.* Ed. Blanco y Goma.

Kaelble, H. (2005), *Caminos hacia la democracia.* Editorial Biblioteca Nueva. Madrid.

KAJUMULO, A. (2006), *Campaña Mundial sobre la gobernanza urbana.* Banco Mundial.

KALDOR, N. (1970), *Nuevo monetarismo.* Lloyds Bank.

KHOLER-KOCH, B. (2004), *Gobernanza interactive.* Editorial Tirant lo Blanch.

KLEIN, N. (2009), *Teoría del Shock.* Ed. Paidós.

KLEIN, P. A. (1991), «Reflexiones institucionales sobre el papel del sector público». *Hacienda Pública Española,* núm. 118.

KLITGAARD, R. (1994), *Controlando la corrupción.* Editorial Sudamericana.

KRUGMAM, P. (2011), «Enfrentarse a los malhechores». *El País,* 9 de octubre de 2011.

– «La democracia está en juego». *Le Monde,* 27 de octubre de 2011.

– (2002), *La economía del sector público.* Antoni Bosch Editor.

– (1999), *La inclusión del otro.* Estudios de Teoría Política. Editorial Paidós.

– «La traición de la socialdemocracia». *El País,* 25 de octubre de 2009.

LIBRO BLANCO DE LA GOBERNANZA EUROPEA (2001), UE.

LIZCANO, J. (2015), *Ciencia, Economía y transparencia: una visión en clave multidisciplinar y social.* Real Academia de Ciencias Económicas y Financieras. Barcelona.

– (2015), *Lo que el dinero no puede comprar.* Ed. Debate Economía.

LOZANO, J. M. (2009), *La empresa ciudadana como empresa responsable y sostenible.* Editorial Trotta.

LUTHER KING, M. (2001), *Un sueño de igualdad.* Editorial La Catarata.

LYNCH, N. (2000), *Política y antipolítica en Perú.* DESCO. Centro de Estudios y Promoción del Desarrollo.

MALLADA, L. (2011), *La inmoralidad Pública.* Algón Editores.

MARAVALL, J. M. (2003), *El control de los políticos.* Editorial Taurus. Madrid, pp. 169-171.

MÁRKARIS, P. (2012), *La espada de Damocles.* Tusquets Editores.

MAROTO, M.; ANDERICA, V.; BALEATO, S. y ONGIL, M. (2013), *Qué hacemos para contar con medios de control democrático de la financiación frente a la corrupción de los partidos.* Editorial Akal.

MARTÍNEZ BARGUEÑO, M. (1997), «La ética nuevo objetivo de la gestión pública». *Gestión y Análisis de Políticas Públicas,* núm. 10 INAP. Madrid.

MARTÍNEZ NOVAL, L. (2004), *El control ciudadano. Experiencias de los EFS.* XIV Asamblea General de las OLACEFS. Ponente y Consejero del Tribunal de Cuentas de España. Buenos Aires.

MARTÍNEZ RODRÍGUEZ J. B. (2013), «Participación política, democracia digital y e-ciudadanía para el protagonismo de adolescentes y jóvenes». En *Revista Electrónica Interuniversitaria de Formación del Profesorado.*

– Observatorio de Emancipación del Consejo de la Juventud de España. *http://www.cje.org*

MOLINA, J. (2012), *Los Presupuestos Participativos: Un modelo para priorizar y gestionar eficazmente en la Administración Local.* Editorial Aranzadi. 2.ª edición.

– (2015), *Ciudadano y Gasto Público.* 5.ª edición. Editorial Aranzadi.

MONTEBOURG, J. (2011), *Votad la desglobalización.* Editorial Paidós.

MUELLER, D. C. (1980), «Contrato social y elección colectiva». *Información Comercial Española,* núm. 561.

MUÑOZ, R. (2012), *España destino tercer mundo.* Ediciones Deusto. Barcelona.

MURILLO BERNÁRDEZ, F. (1993), *Tribunal de Cuentas: Las Cuentas del Gran Capitán.* Ediciones del Tribunal de Cuentas. Madrid.

MUSGRAVE, R. A. (1969), *Teoría de la Hacienda Pública.* Editorial Aguilar.

MUSGRAVE, R. A. y MUSGRAVE, P. B. (1992), *Hacienda Pública, teoría y práctica.* Editorial Mac Graw-Hill.

NAVARRO, G., *www.gabrielnavarro.es/2014/10/07/notas-sobre-politicas-de-juventud-en-epoca-de-crisis*

NIETO, A. (2008), *El desgobierno de lo público.* Editorial Ariel. Madrid.

NUSSBAUM Y SEMA (1998), *La calidad de vida.* Fondo de Cultura Económica. México.

OBAMA, B. (2006), *The Audacity of Hope.* Edición distribuida gratuitamente por la red de apoyo de Barak Obama. Estados Unidos. Editado por Crow/Three Rivers Press.

ONTIVEROS, E. (2007), «Competitividad, función empresarial y convergencia real». *Papeles de Economía Española,* núm. 113.

ONTIVEROS, E. y GUILLÉN, M. (2012), *Una nueva época.* Editorial Galaxia Gutenberg. Barcelona.

ORTIZ, M. y VARGAS, Y. *Escenarios culturales de los jóvenes y participación ciudadana.* Universidad Autónoma de Baja California.

ORTEGA Y GASSET (1983), *Obras completas.* Alianza Editorial.

O'TOOLE, Jr. J. L. (2005), *Las implicaciones para la democracia.* Editado por INAP. Madrid.

OTTE, M. (2011), *Frenad el desastre del euro.* Editorial Ariel.

PASTOR, J. (2007), *Economía política de la globalización. Crisis de centralidad de los Estados y procesos de desdemocratización. El desafío del desarrollo humano. Propuestas locales para otra globalización.* Editado por HEGOA. Bilbao.

PASTOR, S. (1990), «A propósito de la eficiencia del gasto público». *Información Comercial Española,* núm. 680.

PÉREZ CASTELL, M. (2004), «La experiencia de los Presupuestos Participativos en Albacete». *Temas para el Debate,* Sistemas, núm. 113.

PÉREZ QUINTANA, V. (2005), «Hacer ciudad-hacer democracia: las dos caras del movimiento ciudadano». Colaboración en el libro colectivo: *La participación ciudadana.* Editorial Dykinson, SL. Madrid.

PÉREZ, J.; CASTAÑO, A. y MANJAVACAS, J. M. (2009), *Democracia, Proyecto Urbano y Participación Ciudadana.* Editado por Centro de Estudios Andaluces. Sevilla.

PETERS, GUY, B. y J. PIERRE (2005), *Replanteándose la Administración Pública.* Editado por INAP.

PIKETTY, T. (2015), *El capital del siglo XXI.* Editorial Fondo de Cultura Económica. Madrid.

PISANI-FERRY, J. (2011), *Le réveil des DÉMONS: la crise de l'euro et comment nous en sortir.* Librairie Arthème Fayard.

PORTER, M. E. y KRAMER, M. R. (2011), *Shared Value. How to reinvent capi-*

talism and unless aware of innovation and growth. Harvard Business Review. January-February. 62-77.

POTTER, W. (2013), *Los verdes somos los nuevos rojos.* Editorial Plaza y Janes.

POU DÍAZ, J. y SANZ MONGE, E. (1990), «La nueva normativa presupuestaria y contable en la Administración Local». *Partida Doble,* núm. 6.

PRATS CATALÁ, J. (2005), *Modos de gobernación de las sociedades globales.* Ministerio de las Administraciones Públicas. Madrid.

– (2003), *Por una historia conceptual de lo político.* Ed. Fondo de Cultura Económica. México.

– (1971), *Principios de determinación del presupuesto. En Política fiscal en acción.* Edición del IEF. Madrid.

PUNTAL, P. (2004), *Construyendo una pedagogía de gestión democrática.* Edición especial de Era Urbana año 2004. El autor es el coordinador de la Escuela de Ciudadanía del Instituto Polis de Sao Paulo. En *www.cigu.org.*

PUTNAM, R. (2001), «La comunidad próspera, El capital social y la vida pública». Revista *Zona Abierta,* núm. 94-95. Monográfico sobre El capital social, pp. 89 y ss. Fundación Pablo Iglesias. Madrid.

RAWLS, J. (2012), *Justicia como equidad.* Editorial Deimos.

– (2012), *Redes de indignación y esperanza.* Alianza Editorial. Madrid.

– (1997), «Reconsidering the fiscal role of government». *American Economic Review,* núm. 87.

RODRÍGUEZ MOURULLO, G. (1978), *Derecho Penal.* Editorial Civitas.

RODRÍGUEZ VILLASANTE, T. (1995), *Las democracias Participativas.* Ediciones HOAC. Madrid.

RODRÍGUEZ, R. (2005), *Ciudadanos y Soberanos.* Editorial Almuzara.

ROMERO CRESPO, H. (2006), *La participación ciudadana en las grandes ciudades.* Editorial Dyckinson.

ROMERO, J. y FARINÓS, J. (2004), *Ordenación del territorio y desarrollo territorial, el gobierno del territorio en Europa.* Editorial Treta. Gijón.

ROSANVALLON, P. (1995), *La nueva cuestión social.* Editorial Manantial. Buenos Aires.

RUIZ, J. L. y CAAMAÑO, J. (2008), «Tendencias en la gestión Presupuestaria a nivel internacional». *Presupuesto y Gasto Público,* núm. 51.

SACHS, J. (2012), *El precio de la civilización.* Editorial Galaxia Gutemberg.

SAMUELSON, P. A. (1960), *Curso de Economía moderna.* Editorial Aguilar. Madrid.

SÁNCHEZ, F. (2005), *Democracia y equidad.fssanchez@uol.com.br.*

SANDEL, M. J. (2011), *¿Justicia? Hacemos lo que debemos.* Debate Editorial.

SANTOS, B. de S. (2003), *Democracia y Participación.* Editorial el Viejo Topo.

SAPIR. Informe de la Comisión Europea. 2002 Informe: An Agenda for a growing Europe: The Sapir report. Oxford University Press.

SASSEN, J. (2015), *Expulsiones. Brutalidades y complejidad en la economía global.* Ediciones Kate.

SCHICK, A. (1974), «Una muerte en la burocracia». *Hacienda Pública Española,* núm. 31.

SCHMOLLER, G. (2007), *Política social y Economía política.* Editorial Comares. Granada.

SEN, Amartya. (2000), *Desarrollo y Libertad.* Editorial Planeta.

SILVA, C. A. (2014), «Juventud y participación ciudadana». *Revista debates,* Porto Alegre, v. 8, n. 2, pp. 103-118.

SIMONE, R. (2011), *El monstruo amable.* Editorial Taurus. Madrid.

SINTOMER, Y. (2007), *Democracia participativa y desarrollo humano.* Editorial Dykinson. Madrid.

SKIDELSKY, R. (2009), *El regreso de Keynes.* Editorial Crítica.

– «Son las instituciones». *El País,* 25-03-2012.

SMITH, A. (1983), *La riqueza de las naciones.* Ediciones Orbis, Barcelona.

SONIA FRÍAS (2001), *Cultura Política en España: conocimiento, actitudes y práctica.* Editado por Centro de investigaciones Sociológicas (CIS). España.

STIGLER, G. J. (1992), *El economista como predicador.* Editorial Espasa Calpe.

STIGLITZ, J. (2003), *Los felices noventa.* Editorial Taurus, pp. 37-51.

– (2005), «La democracia empieza por el país de uno». Publicado en *El País,* 22 de abril de 2005.

– (2012), *El precio de la desigualdad*. Editorial Taurus.

Stiglitz, E.; Sen, A. y Fitoussi, J. P. (2013), *Medir nuestras vidas*. Editorial RBA.

Subirats, J. (2001), *Nuevos mecanismos participativos y democracia*. Editorial Ariel. Barcelona.

Taibbi, M. (2011), *Cleptopía: Fabricantes de burbujas y vampiros financieros en la era de la estafa*. Editorial Lengua de trapo. Madrid.

Tarschys, D. (1985), «La crisis de las tijeras en la Hacienda Pública». *Papeles de Economía Española*, núm. 24.

Thnoson, V. A. (1965), *Burocracy and innovation*. Adm. Science Quarterly.

Tilly, C. (2010), *Democracia*. Ediciones Akal. Madrid.

Tocqueville, A. (2009), *La democracia en América*. Editorial Trola.

Toulmin, S. (2001), *Cosmopolis. El trasfondo de la modernidad*. Editorial Península. Barcelona.

Trigueros Huertes, R. (2001), «El Presupuesto como instrumento de gestión en la Administración Local». *Cuadernos de gestión Pública Local*. Vol. 5.

Valle, V. (1989), *Papeles de Economía española*, núm. 37. FUNCAS.

Vargas Manchuca, Pérez Yruela, y otros (2010), *Calidad de la democracia en España. Una auditoría ciudadana*. Editorial Ariel.

Veblen, T. (2008), *Teoría de la clase ociosa*. Alianza Editorial.

Veneziano, A. (2005), *Reflexiones sobre una reforma orientada al ciudadano*. Madrid. Editado por INAP.

Villasante, R.; Garrido, T. y Javier, F. (2002), *Presupuestos participativos. Metodologías. Construyendo ciudadanía*. Editorial Cimas. Madrid.

Villoria, M. (2005), «Democracia y participación», en la edición colectiva de: *La Participación Ciudadana en las grandes ciudades*. Editorial Dykinson. Madrid, p. 68.

Villoria, M.; Iglesias, A.; Delgado, L. (2005), *La participación ciudadana en las grandes ciudades*. Ed. Dykinson.

Villoria, M. y Jiménez, F. (2012), «¿Cuánta corrupción hay en España? O los problemas metodológicos de la medición de la corrupción (2004-2011)». *Revista de Estudios Políticos,* núm. 156. Madrid.

WALZER, M. (2010), *Pensar políticamente.* Editorial Paidós. Barcelona.

www.facebook.com/pages/Red-de-Jovenes-por-laTransparencia

ZIZEK, S. (2012), *¡Bienvenidos a tiempos interesantes!* Edición: Txalaparta. Tafalla (Navarra).